近代日本にとってのキリスト教の意義

――明治一五〇年を再考する――

日本キリスト教文化協会【編】

教文館

刊行にあたって

昨年（二〇一八年）は、明治維新から一五〇年目にあたり、日本の近代化について包括的に考えさせられる年でした。公益財団法人日本キリスト教文化協会としましても、その年を有意義に過ごすべく、「近代日本とキリスト教」をめぐって、連続の公開講演会を開催いたしました。猛暑の夏の日々でしたが、連日、熱心な聴衆を銀座教文館ビル九階のウェンライトホールに迎えて、豊かな学びの時を経験しました。本書は、その成果を広くお分かちすべく、一冊の書物に収録したものです。

もとより日本の近代化に貢献したプロテスタント・キリスト教の活動分野は広く、福音の伝道と教会の形成を中心にして、多くの教育（女性、青年、児童）や文化事業に及び、医療や福祉、政治や社会、家族や経済、文学や芸術、思想や学問など、さまざまな分野で簡単に語り切れない、時には筆舌に尽くし難い労苦と奉仕とが献げられてきました。それら諸分野の中から、今回は特に、「ピューリタニズムと日本の共同体」「日本の家族の法制度とキリスト教」「社会改革的キリスト教」「キリスト教学校教育」「近代日本におけるキリスト教と女性」といった諸問題を取り上げ、それぞれに専門的な研究者を講師にお迎えしました。それぞれの講演によって、各分野における日本の近代化に際してプロテスタント・キリスト教が果たしてきた意義、また果たせなかった面も含めて、理解を深めることができました。その成果をこのような形で広く伝えることができますことは、幸いなことです。

ところで、明治維新から一五〇年を数えますと、日本の敗戦がほぼその中央に位置し、それ以前の近代化とそれ以後つまり戦後日本の経過とに、ほぼ等分の時を過ごしたことになります。日本の敗戦は、結局のところ、日本近代化が内に抱えた蹉跌の甚大な表現になったと言わなければならないでしょう。問題はただに技術力や経済力の問題ではなく、深く魂の問題でもあったのです。一五〇年間の前半のプロテスタント的貢献は、国家的蹉跌へと傾斜していく試練の中での戦いでした。だとすると、一五〇年間の後半は、日本における新しい魂の再生に向けて歩まれなければならなかったでしょう。そして事実、プロテスタント・キリスト教は伝道の推進と教会の確立を中心にして、諸分野にわたって懸命の努力を戦後も傾けてきました。このことは日本キリスト教文化協会の活動に絡めて言いますと、本協会は諸分野にわたる活動の功労者を顕彰してきましたが、その人々の足跡を辿ってみると、その一面が分かると言ってよいと思います。

明治維新から一五〇年を数えて、今回、主としてその前半におけるプロテスタント・キリスト教の活動の意味を評価し、また反省する機会を得ましたが、それはまたその後半について一層の反省を促す機会にもなりました。本書の意味はそこにもあると思います。今日、日本の問題は、日本だけの問題ではありません。日本人のキリストにある魂の再生、つまりは主にある魂の新生は、隣国や世界の問題ともなります。そして何よりも本来、神とその御国にかかわる重大問題です。現代、プロテスタント・キリスト教は、この日本において、一五〇年の前半とある面では大きく異なりつつも、また他面通底した同一問題に直面して戦っていると言うことができるでしょう。この機会が、プロテスタント・キリスト教の反省だけでなく、神に対する感謝をもって、再出発の志を新しくする機会、そのために祈りを篤くする機会になるように願います。

本書の刊行にあたり、講演をお引き受けくださった方々がその内容を本書に御寄稿くださいました。そのご尽力に心よりの感謝を申し上げます。また出版には、本協会と姉妹関係にある教文館のお世話になりました。今回の連続講演の企画や準備のために労力を負ってくれた本協会の準備委員会のメンバー、それに講演当日の教文館の職員の方々の協力にも、感謝を申し上げます。

二〇一九年八月五日

公益財団法人日本キリスト教文化協会理事長

近藤勝彦

目次

装丁　渡辺美知子

第1章

ピューリタニズムと日本の共同体

梅津順一

はじめに

明治維新より一五〇年、この一五〇年の日本近現代史においてキリスト教、主としてプロテスタント・キリスト教が果たした役割を探ることが、この連続講演会の課題であります。その第一回として、私は「ピューリタニズムと日本の共同体」というやや漠然とした主題を掲げております。二回目以後の主題は明確でありまして、家族、社会改革、文学、学校教育、女性が取り上げられております。全体のプログラムを見まして、私の題名では捉えどころがなくて、聴衆の数が目立って少なくなるのではと心配しておりました。実を申しますと、主催者より私に与えられたテーマは、日本の教会ないしキリスト者の活動を、ピューリタニズムの視点を入れて検討することでありました。いわば、日本においてピューリタンの末裔が果たした役割を考えることが求められたわけであります。

最初から個人的なことで恐縮ですが、私は研究生活を、マックス・ヴェーバーの『プロテスタンティズムの倫理と資本主義の精神』を手掛かりに、イギリスのピューリタニズムを検討することから始めました。その意味ではピューリタン研究者ということができます。ヴェーバーの議論は、近代資本主義の人間的基礎が、プロテスタンティズム、とくに禁欲的プロテスタンティズムに由来することを跡付けることであり、まして、広い意味ではヨーロッパの近代社会の成立に対する宗教改革の役割を明らかにすることにありまず。しかし、こうした問題設定に対して、キリスト教的背景のない研究仲間からは、しばしば率直な批判を受けました。かりに、ヨーロッパ近代についてヴェーバーの主張が成り立つとしても、日本の場合はどうか、日本でプロテスタンティズムが重要な役割を果たしたと言えるのか。確かに、日本の近代史において、プロテスタンティズムの存在感は大きいとは言えないわけで、その疑問もわからないではないわけです。

そこで、そうした批判に応えるために、日本近代史の研究も多少手掛けてまいりました。たとえば、明治の初年、『学問のすゝめ』や『文明論之概略』を書いて、日本の文明化、近代化を提唱した最も有力な人物が福澤諭吉であることは言うまでもありませんが、それに対して同志社で学んだ徳富蘇峰は、福澤諭吉に対する新島襄の意義を力説しています。徳富は、福澤先生の議論は西洋文明の物質的側面に限定されている、新島先生の語る西洋文明の精神的側面を忘れてはならないと主張したのであります。後に詳しく触れますが、徳富は文明社会の道徳的基礎を「平民道徳」として提起しました。その「平民道徳」は、プロテスタンティズムに由来するものに他なりません。徳富はそのような形で、慶応義塾に対する同志社の意義、日本の文明化に対するプロテスタント・キリスト教の役割を強調したわけであります。

徳富は明治維新前後に生まれたいわゆる「明治の青年」の世代に属しています。この世代は維新後の社会的精神的混乱の中に少年時代を過ごし、また英米人から英語で洋学教育を受けた最初の世代に属しています。徳富は熊本洋学校でジェーンズ先生の教育を受け、洋学校の先輩に倣って熊本近郊の花岡山で「奉教趣意書」に署名しています。日本近代化のためにプロテスタント・キリスト教を奉ずる宣言をしているわけであります。その後、徳富は同志社英学校で学び、新島先生の薫陶を受けて、洗礼を受けています。晩年に口述した『蘇峰自伝』では、自分のキリスト教はキリストというよりも新島先生への帰依であったと信仰的経験を薄めているきらいがありますが、徳富の信仰はかなり真剣なものでありました。そもそも、徳富蘇峰の蘇は、故郷、「阿蘇山」の蘇と解するのが自然かも知れませんが、「耶蘇」の蘇でもあったのではないでしょうか。

しかし、若い徳富が提起したプロテスタント的平民道徳を基礎とする日本の近代化構想は比較的短期間で挫折してしまいました。平民道徳を提唱したのは明治一九（一八八六）年刊行の『新日本之青年』で、その少し前に発表した『将来之日本』とともに、この二著が徳富の出世作で、二十代前半にして思想界の新しい星として注目されるようになります。その後、徳富は一家を挙げて熊本から上京し、民友社を設立、『国民之友』という日本最初の総合雑誌を刊行し、継続的に言論活動に従事することになります。その徳富の転機となったのは、明治二六（一八九三）年勃発した日清戦争とその後の「三国干渉」でした。日清戦後に大日本の膨張を夢見た蘇峰に対して、清より割譲された「遼東半島」に対するドイツ、フランス、ロシア三国による還付の要求があり、日本政府はやむなく受諾。そこで徳富は、力がなければ道理が立たずとの国際社会の現実を思い知らされ、「力の福音」へ転向することになります。というわけで、徳富をプロテスタント陣営の旗手と注目する場合には、ほとんど同時にその挫折をも視野に入れなければならなくなります。しかも、その後の蘇峰の立場は「皇室中心主義」ですから、ピューリタン的な共同体から日本の共同体への転向とも見られるものでした。

本日の講演では、ピューリタニズムの影響から出発した徳富のダイナミックな思想の展開を、同世代の内村鑑三の立場をも参照しながら、辿ってみたいと存じます。

ピューリタニズムの衝撃

少々先走りして内容に立ち入ってしまいましたが、もう一度ピューリタニズムに戻って考えてみますと、一九世紀後半の日本で宣教師を通して受け入れられたプロテスタント・キリスト教をピューリタニズムというのは適切かという問題があります。と申しますのは、ピューリタニズムは研究史的には、一七世紀イングランドの市民革命を推進した宗教思想であり、その同時代にニューイングランドに渡り、その地で「ニューエルサレム」を築こうとした人々の宗教思想を指しています。ですから、明治期の宣教師たちの信仰をピューリタンと呼ぶには若干の説明が必要です。そもそもピューリタニズムという特定の教派があったわけではありません。一七世紀当時として言えば、イギリス国教会体制の下で、より徹底した宗教改革を求める運動がピューリタニズムでありました。宗教的に覚醒し、回心の意識を持ち、厳しい自己規律の下に生活形成を行い、社会の聖化を求めた人々がピューリタンであったのです。そうしたピューリタン的な信仰と運動は、その後しばしばリヴァイヴァル、宗教覚醒運動の中で燃え上がり、ことに海外伝道に従事した人々は、ピューリタン的信仰を原点としておりました。その意味で、日本に来た宣教師をピューリタンと呼ぶことはできるのです。

確かに、日本にやってきた宣教師たちは圧倒的な人格的迫力をもって、当時の日本人に訴えるものがありました。私は四年ほど前、青山学院院長に就任した夏に、中国、福建省の省都、福州に行ってまいりました。青山学院の初代院長、ロバート・マクレイの最初の伝道地が福州であったからです。マクレイ宣教師は、アメリカのメソジスト監督教会が派遣した東アジア伝道の第一陣として、アヘン戦争後に開港された福州に入ったのですが、十分な準備をもって向かったわけではありません。中国語も十分ではなかったし、亜熱帯の高温多湿の気候への備えもできていたわけではありません。宣教師の多くは、健康を害して帰国を余儀なくされました。さらに驚きましたことは、福州ではメソジストの宣教師たちが、最初の信徒を得るのに八年かかったことです。逆に言えば、宣教師たちは八年間、一人の信者も得ることができなかった。それでも倦まず弛まず伝道を続けた。宣教師たちの強い使命感、固い意志、不屈の精神に深く感銘を受けたわけであります。

幕末に日本にやってきた医療宣教師ヘボンもまた、マクレイと同じく、不屈の精神で海外伝道に取り組んだ人物でした。マクレイと同じく、初代の中国伝道者として厦門（アモイ）で医療活動に従事しています。ヘボンの場合は、家族の健康上の理由で一時帰国、ニューヨークで医者として成功しながらも、海外伝道の想い忘れがたく、ふたたびアジアの地を目指したのでした。ヘボンから知られますことは、この宣教師たちは本来のキリスト教伝道とともに、西洋文明の伝道者であったことです。今日の福音派は反知性主義であると言われていますが、一七世紀のピューリタンもこの時期の宣教師も、知的活動の面でも時代の最先端に立っていました。

ヘボンは開港地横浜で、ただひたすら日本人相手に無料で医療活動を行い、日本人と交わり、日本語の習得に努め、その後の本格的な伝道に備えています。ヘボンは横浜居留地の開設とともにそこに施療所を設け、妻クララの方は英語塾を開くことになり、また日曜日には居留地で許された礼拝を持つようになります。横浜居留地では、他の宣教師のまわりにも英学塾が開かれるようになり、英語を学んだ学生たちの間で後に横浜バンドと呼ばれるグループが誕生していきました。当時の学生たちは、文明の学としての英学教育を求め宣教師に近づき、次第に宗教にも目を開いていくことになったのです。

札幌農学校の学生に信仰の種をまいたクラーク先生も、本来は農学の教師であって宣教師ではありませんでした。しかし、クラークは人間教育の基礎にキリスト教信仰が必要であることを確信し、開拓使長官黒田清隆の反対を押し切って、学生に聖書を配布し、聖書に親しむことを求めたのでした。クラークは授業の最初の部分、一〇分か一五分を聖書の学びに当て、聖書の話をしたり、聖句の暗唱をさせたり、祈ったりしています。また、日曜には礼拝とも日曜学校とも呼びうる、宗教の時間を持っていました。集会は主の祈りをもって開始され、聖書が読まれ、生徒が朗読する聖句にクラーク先生が短い説明を加える形で説教しました。クラーク先生はしばらく沈黙することもあったし、ほとばしるような熱い祈りも捧げたのでした。この延長に、クラークは「イエスを信ずる者の契約」を起草し、生徒たちに署名を求めています。クラーク先生は、西洋的農学の教師、文明の教師として明治政府に招かれながら、宗教共同体、ピューリタン的な信仰団体を札幌に残したのでした。

明治四（一八七一）年に熊本洋学校に招かれたジェーンズ先生についても、同様のことを指摘することができます。南北戦争の退役軍人の経歴が評価されたジェーンズは、彼自身の母校ウェスト・ポイントの陸軍士官学校をモデルに、英語も知らない生徒たちを集めて、スパルタ教育をしたことで知られています。彼はまず、英語のアルファベットからはじめ、一日四〇語ずつ覚えることを求め、できない生徒を遠慮なく振るい落としたのでした。そのカリキュラムでは、初年度は英語に力を注ぎ、英語が身についた学生を対象に、二年目は地理、歴史、数学と進み、その後、数学を代数、幾何、三角法、測量と展開し、物理学、天文学、哲学、英文学も取り上げています。ジェーンズは、パブリック・スクール、ラグビー校の校長として有名なトーマス・アーノルドを尊敬し、教師が熱意をもって人格形成を行うことを重んじていました。

ジェーンズは最初の三年間はキリスト教に触れることはありませんでしたが、自然科学の法則性を教えつつ、その法則性の背後にある神の摂理を示唆するようになります。そこから生徒たちの間にキリスト教への関心が芽生え、ジェーンズは土曜に自宅で聖書研究を行うことになります。そこで聖書を学んだ生徒のなかから聖書の神を受け入れる者が生まれ、ジェーンズは日曜礼拝をも行うようになります。その結果、生徒たちは聖書を真剣に勉強し、祈るようになり、その祈りが炎のように燃え立つことになって、信仰復興運動的様相を呈するようになります。その結果生じたのが四〇名ほどの生徒たちが熊本郊外における花岡山で読み上げた有名な「奉教趣意書」の宣言でした。ジェーンズもクラークも、当初は信仰教育を行う意図はなかったものと思われますが、異教の地にあって教育に携わるなかで、自らの教育の基礎にキリスト教信仰があることを確信し、生徒たちが西洋の学問を学び、有為の人物として成長していくには、キリスト教信仰が不可欠と考えたのです。

横浜バンドの一人に、明治維新をほぼ二〇歳で迎え、のちに長く青山学院院長の地位にあった本多庸一がおります。本多は弘前藩士で、最初は藩命で横浜の居留地で英語を学び、維新の後には家財を売り払って英学を続け、宣教師バラによって洗礼を受けています。その後、本多はメソジスト派のイング宣教師を伴って弘前に帰り、弘前教会の設立とともに弘前の文明化のために尽力しています。藩校稽古館をキリスト教的私学「東奥義塾」に改編し、また東奥義塾を拠点に「博覧書院」という図書館を設立して一般に公開したり、雑誌を刊行して、地域の知的交流に努め、また、義塾で博覧会を催したりしています。宣教師イングも、キリスト教伝道や英語教育だけでなく、西洋の果樹や野菜の紹介者でしたから、キリスト教伝道を基盤とする文明化の事業に従事したということができます。

ピューリタニズムの受容

ところで、クラーク先生の残した札幌の信仰共同体の様子は、内村鑑三の自伝『余はいかにしてキリスト信徒となりしか』に記されています。内村鑑三は札幌農学校二期生であって、札幌滞在九カ月ほどであったクラーク先生とは直接の接触はありません。クラーク先生の薫陶が残る一期生たちの信仰熱心によって、無理矢理信徒の群れに引きずりこまれたというのが真相に近いでしょう。内村もまた「イエスを信ずる者の契約」に署名したのですが、その結果、確かに内面的な変化が表れたと言います。「八百万の神がいるのではないということを教えられ……四方に宿る四群の神々に毎朝長々と祈りを捧げることも、神社の前を通るたびに長い祈りを繰り返すことも、また今日はこの神、明日はあの神のために日を守り、それぞれの神にそれぞれの誓いや食絶ちすることも一切無用になった」と言うのです。「新しい信仰がもたらした精神のあらたな自由は、心身に健全な作用を及ぼした」とも言われています（引用文献番号一：三四、三五頁）。

当時の日記によれば、内村たちは日曜は安息日として宗教的な集まりを持つようになります。とはいえ、安息日に「野犬殺し」を見物するなど、「ピューリタンらしからぬ安息日の守り方」をしたとの反省の弁もありました。彼らは札幌に来訪した米国メソジスト派の宣教師の説教を聞き、その機会に洗礼を受けています。その日は、午前、午後、夜と三度の説教と祈禱会を持ちました。また、彼らはキリスト信徒たるを告白したその機会に、それぞれクリスチャンネームをつけています。ちなみに内村は「友情の徳を重んじ、ヨナタンのダビデに対する愛」が好きだったことからヨナタンを名乗ることになります（一：三七、四〇頁）。クリスチャンネームは、新しい信仰的な人格に生きることを意味しました。また、彼らはすぐに教会、すなわち信仰共同体建設に取り掛かっています。彼らの信徒としての歩みは、新しい人格、新しい生活習慣を作り上げることを意味したのでした。

札幌バンドの人々が、宗教的指導者を持たずに、手探りでピューリタンの信仰、礼拝、教会建設に取り組んでいる頃、熊本バンドの人々は同志社に進学して新島襄や宣教師たちの下で学ぶことになりました。奉教趣意書の署名に一四歳で参加した徳富蘇峰も、一時上京して東京で学ぶことも考えていますが、洋学校の先輩のいる同志社に向かいました。その徳富が同志社在学時に記した興味深い資料があります。『同志社・大江義塾　徳富蘇峰資料集』の巻頭に収められている「朝夕工課」と題された信仰日記です。「朝夕工課」というのは、英語の Morning Exercise, Evening Exercise の翻訳で、この場合の Exercise とは体操ではなく、信仰の訓練のことを意味しています。朝夕に、聖書を読み、内省の時間を持ち、祈りを捧げる。蘇峰は、アメリカの宗教指導者ヘンリー・ビーチャーの書物に触発されて、そのような訓練に取り組むと述べていますが、同志社英学校で学んだ信仰訓練の方法と理解されます。

こうした信仰訓練は「自己審査」Self-examination と言って、ピューリタニズムが信徒に勧めた生活指針でもありました。「自己審査」とは、聖書に照らして、あるいは模範的な聖徒の生き方に照らしてわが身を振り返ることです。果たして自分が聖徒として神の前に正しい生き方をしているのかどうか、一七世紀のピューリタンの場合であれば、救いに入ることを約束された状態にあるかどうかを審査、点検したわけです。徳富のこの文書は、そうした「自己審査」の典型的な形を整えています。徳富はこの日記帳に、日々、朝、夕の祈りの文言を記し、またその日の行動を振り返り、反省点を記しているのです。

例えば、七月二二日の早朝の祈りはこうでした。

「天上の父よ、願わくは我とあなたの関係を近くなし、私はあなたの愛子たるを知るようになし給え、今日中願わくは罪を犯さず行くようになし給え、何卒今日中、放心（安心）を求め、種々のことに注意するようになし給え、願わくは利欲名誉之心を去り、以て上等の信者になし給え、願わくは果断の人となり、絶愛の人となるようになし給え……」

その夜の祈りはこうでした。

「在天の父よ、今夜まで無難なること実にありがたく、願わくは今夜も無事になし給え、今日は温柔と神に対することを誤りたり。何卒、この罪を去り、清らかなる人となり、あなたに対して清らかになり、

無私無欲放心を求め、いつか上等のキリスト教徒となるようになし給え」（二一、一七、一八頁）

この後に、「今日の罪は第一第四などなり」と記していますが、これは徳富が日常生活において注意すべきことを十徳としてまとめ、その基準に従って日々の生活を点検していたことを意味しています。その十徳は次の通りです。徳富はこれらをビーチャーの十二徳を参考にまとめたと記しております。それぞれの徳には、それを根拠づける聖句も記してあります。徳富は漢訳聖書を引用していますが、ここでは新共同訳を用います。

第一、神に対する職務。マルコ一二章三〇節。「心を尽くし、精神を尽くし、思いを尽くし、力を尽くして、あなたの神である主を愛しなさい」

第二、人に対する職務。ヨハネ一三章三四節。「わたしがあなたがたを愛したように、あなたがたも互いに愛し合いなさい」

第三、希望責任。ローマ書八章二五節。「わたしたちは、目に見えないものを望んでいるなら、忍耐して待ち望むのです」

第四、温柔。マタイ五章五節。「柔和な人々は、幸いである、その人たちは地を受け継ぐ」

第五、謙遜。ヨハネ一三章一四節。「主であり、師であるわたしがあなたがたの足を洗ったのだから、あなたがたも互いに足を洗い合わなければならない」

第六、勤労。ローマ書一二章一一節。「怠らず励み、霊に燃えて、主に仕えなさい」

第七、沈黙。詩編一一九編一七一節。「わたしの唇から讃美が溢れるでしょう。あなたが掟を教えてくださいますから」

第八、親切。ローマ書一二章一五節。「喜ぶ人と共に喜び、泣く人と共に泣きなさい」

第九、倹約。ヨハネ六章一二節。「イエスは弟子たちに、『少しも無駄にならないように、残ったパンの屑を集めなさい』と言われた」

第十、清潔。マタイ五章八節。「心の清い人々は、幸いである、その人たちは神を見る」(二：一六頁)

こうした自己訓練の方法は、ベンジャミン・フランクリンの自伝に記されている「十三徳の樹立」のエピソードを想起させるものでもあります。フランクリンは若い日に、道徳的な完成を志し、道徳的生活に必要な十三徳を列挙して、その実践に努めたというエピソードです。フランクリンはこの方法を「徳への道」と称して、とくに宗教的背景に言及してはいませんが、もともとはピューリタンたちが「堅固なキリスト者」となるために取り組んだ自己訓練でした。徳富が十徳を挙げる上で、フランクリンを参照した可能性もありますが、フランクリンよりも徳富の方が、神への義務から始まり、個々の徳目に関連する聖書の箇所を引用している点で、ピューリタンの実践の性格を残しています。かつ若い徳富は、こうした自己訓練を通して「天下を憂い、世論を導くの人物となり、身体文章もこれに適するようになし給え」と祈ったのでした。

徳富蘇峰の「平民道徳」

以上、明治初年に日本に来た宣教師、宣教師的精神を持った教師たちのピューリタン的な堅固な性格、使命感をお話しし、次いで内村鑑三、徳富蘇峰に即して、その受容、ピューリタン的精神を受容した彼らの実践をお話ししました。次に、この二人の初期の活動がピューリタン的モティーフの展開として理解できることに触れたいと思います。まず、徳富から申しますと、同志社英学校を卒業直前で飛び出した徳富は、上京してジャーナリズムの世界に飛び込むことを目指しつつ挫折、故郷熊本で大江義塾を設立して、西洋の学問を学びつつ教え、教えつつ学ぶ生活を行っています。徳富が中央論壇で注目されるようになったのは、田口卯吉（うきち）の経済雑誌社から刊行した『将来之日本』によるもので、それを機に徳富は父母を含めて一家を挙げて上京、民友社を創立して、日本最初の総合雑誌『国民之友』を創刊、とくに若い世代の熱烈的な支持を集めました。

徳富の『将来之日本』とそれにつづく『新日本之青年』は、それぞれ福澤諭吉の『文明論之概略』と『学問すゝめ』を意識したものでした。福澤が文明論を用いて、日本の行く末を、徳川時代の農業社会、武家政治がすべてを籠絡する半開の状態から、様々な諸事業が自由に発展する「多事の世界」、商工業の発展を提示したのを受けて、徳富はスペンサーの軍事型社会と産業型社会の二分法を援用して、将来の日本を「武備機関」を中心とする社会から「生産機関」を基礎とする社会への発展へと構想したのでした。その意味では、徳富の『将来之日本』は、福澤の文明論の継承的展開でしたが、『新日本之青年』には、明確な福澤批判の意図が込められていました。

徳富が社会的に頭角を現した明治二〇（一八八七）年とは、徳富の同世代、維新前後に生まれた「明治の青年」世代が成人に達しつつある時期でした。「明治の青年」たちは、維新後の政治的混乱の中に成長し、新しい学問の教育を受け始めた人々ですが、彼らの間に思想的な混乱が見られると言います。彼らが新しい学問、西洋の学問を学び始めたのは、とりもなおさず、実用的な理由からに他なりません。政府が西洋の諸制度を導入し、西洋式に運営されるのであれば、西洋の学問を学ばなければならず、武士が秩禄処分によって生活の基盤を失ったからには、学問によって身を立てなければならない。貿易もはじまり、海外から新しい技術も導入されるのであれば、そのためにも学問を身につけなければならないからです。

その結果、当時の青年にとって学問は生活上の必要から営まれるものであり、しかも知識偏重という性格を持つにいたった。江戸時代の旧学問すなわち儒学は、人の道の探求であり、道徳論が基調にあったのですが、それは失われている。その結果、「新学問は懐疑的となった」と言います。

「今日において自由を愛すると唱えるもの、必ずしも真に自由を愛するものに非ず。政府に党するもの必ず真に政府の忠臣たるにあらず。唯物説といい、進化論といい、宗教といい、みな一種蟬噪蛙鳴の好題目にして、その信ずるところを問わば曰く、民権も可なり、官権も可なり、人を猿猴の子孫というも可なり、上帝の創造というも可なり。……しからば、その徹底の安心立命の点は如何と問えば曰く、一もあらざるなり」（三：三一頁）

明治の初年に福澤は『学問のすゝめ』を書いて、旧来の学問である儒教から、新しい学問、洋学への切り替えを訴えました。それから十数年がたち、徳富は新学問を学んだ青年たちに、安心立命の境地がないこと、確信に欠けていること、懐疑が広がっていることを問題にしているわけです。

これに対してどう対処すべきか、それには三つの立場があると徳富は考えます。第一は、復古主義。新しい学問が懐疑を招くのであれば、旧来の立場に帰ること。これは歴史を逆回しにすることで、現実的ではありません。第二は、偏知主義に徹すること。これは、学問は実用本位と割り切る一種の開き直りですが、徳富から見れば福澤一派はこの立場にあって、積極的な道徳論を展開していないと見ています。第三は、折衷主義で、西洋学問に東洋道徳を結合する立場で、これは一見もっともらしいが実は大問題を孕んでいると徳富は考えます。というのは、両者の方向性は、相容れないからです。西洋学問はあくまでも進歩を目指すのに対して、東洋道徳は旧来の秩序の尊重の上に成り立つ。西洋の学問は真理を求め、東洋の道徳は習慣を固守する。これは理想の結合に見えて、現実には混乱を増すものだと言うわけです。

徳富の処方箋は、道徳もまた西洋社会に学べという点にありました。すなわち、従来の「小学近思録」の道徳教本に代えて、サムエル・スマイルズの「自助論品行論」などの道徳教本を用いよというわけです。これは一面では、官学に対してキリスト教学校の立場を評価するものでした。今日の教育では、「ただ、泰西的の普通学科を修め、もしくは専門の科学につかしめ、技能才識ある人とならしむるにとどまらず。また大いにその思想をして高尚ならしめ、その精神をして活発ならしめ、その志気をして遠大ならしめ、その品行をして端厳ならしめ、いわゆる真理をもとめ、真理に従い、真理を行わしむる所の人物」が必要となっているが、そうした課題は官学ではなく私立学校がふさわしいとみているのです。私立学校、具体的には同志社を念頭に置きつつ、徳富は、教師が親切懇篤で、学生の間では友愛が見られ、自治の精神、独立剛毅の人物を育成するにふさわしいとみたのでした。

徳富は新島先生の教育主義をこう説明しています。

「（新島の教育主義は）もとより生活を忘るるに非ず。然りといえども、さらに高尚なる生活世界に立たんことを目的とする者なり。高尚なる生活社会とは、すなわち精神的の世界にして、これを宗教家としては、ただに祈禱讃美をなす宗教たるのみならず、併せて上帝の眼中において義とせらるる宗教家たらんことを欲し。これを政治家としては、独り利巧なる政治家たるにとどまらず、併せて民を愛し国を愛するの政治家たらんと欲し、これを文学者としては、独り、能文なる文学者たるにとどまらず、併せて正義を愛し真理を愛する誠実なる文学者たらしめんと欲し。これを事業家としては、独り経営力作の事業家たるのみならず、併せて正直隣愛なる事業家たらしめんことを欲し。之を人民としては、独りその衣食に汲汲たるのみならず、併せてその品行性質気風の上に於いて、さらに高尚甘美なるところの生活を得しめんことを欲す」（四：一一二、一一三頁）

こうして徳富は、クラークやジェーンズを継承しつつ、文明の業を追求するには、その精神的基礎が重要であり、プロテスタント・キリスト教に由来する人間的資質の涵養に努めなければならないと力説したのでした。ピューリタニズムの社会倫理の文脈では、徳富の主張は広い意味での職業倫理の重要性の指摘であり、また、「明治の青年」を鼓舞するその言葉には、新しい日本の形成の担い手となれと使命感の喚起があったのです。この自己の使命感の意識、己の天職に生きることも、またピューリタンの痕跡ということもできるでしょう。

内村鑑三の「実行的キリスト教」

徳富の「朝夕工課」が、ピューリタンが信徒たちに求めた日々の「自己審査」の習慣を受け継ぐものであることはすでに述べました。この「自己審査」の課題は、「自己統御」の実現とも言われています。「自己統御」すなわちSelf-Governmentとは、日々の生活の中で衝動に流されることなく、神の眼差しの下に、冷静に合理的に生きることでありました。例えば、人間は感情に駆られて振り回されることがあります。燃え上がる怒りに身を委ねてしまう、あるいは、食欲であれ情欲であれ、感覚的な衝動を抑え難いことがあります。ピューリタンは日々その日の行動を反省するなかで、冷静な規律ある生活の実現に努めたのでした。その生活は一面では、時間を守る生活であり、おしゃべりに時間を忘れることのない生活であり、酒に酔うことのない生活でした。

ピューリタンの対人関係、社会形成は、このGovernmentというキーワードから説明することができます。社会生活の主要な局面である、家庭、教会、政治社会は、それぞれ「家庭の統御」Government of

Family、「教会の統御」Church Government、「政府・社会の統御」Civil-Government として取り上げられました。「自己統御」は神と人との関係をめぐることであったのですが、「家庭の統御」とは、夫と妻、親と子の関係をめぐるものであり、「教会の統御」は牧師と会衆の関係、「政府・社会の統御」は、支配者と臣民、市民相互の関係をめぐることでした。このような点に、ピューリタニズムの契約神学的特徴が表れています。神と人との契約的関係を基礎に、相互が契約的人間関係を築き、家庭、教会、政治・社会を形成しようとしたわけです。ピューリタニズムでは「清らかな家庭」を作ることが理想とされ、また教会は自由教会的特徴を持ち、政治・社会は同意と信託の契約的結合を基礎とするものと理解されたのです。

ご承知の方も多いと存じますが、ピューリタニズムが支配した国、アメリカの教会の特徴は自由教会にあると言われます。自由教会、フリーチャーチと言いますのは、ローマ・カトリック教会、イギリス国教会が制度化された教会、Established Church であるのに対して、運動体としての教会、自発結社としての教会を意味しています。新世界アメリカでは、Established Church を志向する教派であっても、現実にはフリーチャーチ的性格を持つことになりました。というのは、アメリカではいずれの教派も Established Church としての特権を持つことはできず、フリーチャーチとして存続するしかなかったのです。旧世界では、制度として確立した教会に、その地に生まれた信徒が所属するのに対して、アメリカでは信者たちがあらたに自発結社としての教会に参与するものであったのです。

このようにアメリカの自由教会、自発結社としての教会は、自発結社としての様々な社会事業のモデルとなりました。学校や消防組織などの社会サーヴィス機関も、慈善団体や福祉事業なども、国家の制度というよりも、市民が作り上げる自発結社として形成されることになったのです。そのような慈善事業に注目したのが若い日の内村鑑三でした。内村は札幌農学校を卒業した後、北海道開拓使および農商務省に勤務し、上京してクリスチャンとの交流を持つようになりますが、そこでのいわば甘い社交的、「感傷的キリスト教」には批判的でした。内村が求めたのは「実行的キリスト教」であり、「実行的キリスト教」にインスピレーションを与えた書物が、イギリス人監獄改良家ジョン・ハワードの小さな伝記であり、慈善家チャールズ・ローリング・ブレースの『キリストの行跡』でした。ブレースはこの本で歴史を通して、キリストの感化が進歩的諸事業を推進したことを跡付けています。内村はこの本を渡米の際に、『太平記』『古今集』とともに携帯して行きました。

今日に至るまで内村の著作でもっとも広く愛読されたのは、『後世への最大遺物』であると言ってよいでしょう。そこで内村は、人が残す望ましい遺物として、順番に富、事業、思想をあげつつ、誰にでも達成可能な遺物として「勇ましい高尚な生涯」を指摘しますが、それらの遺物は、内村のそれまでの半生の課題でもありました。すなわち、農学校を卒業後、内村は水産技官として、日本の水産業の発展のために尽力していますので実業に属し、渡米に当たっては、社会事業への関心がありました。渡米経験を綴った『流竄録』には、彼自身が一時働いた経験のあるフィラデルフィア郊外にある精神薄弱児訓練学校、ニューイングランドの学校、すなわち彼の学んだアマスト・カレッジとそれに帰国直前に見学したプラット大尉が運営しているインディアンの教育施設が紹介されています。これらは内村が関心を注いだ自発結社的社会事業でした。

『後世への最大遺物』で例示されている少なからぬ社会事業は、内村のなみなみならぬ社会事業への関心を示しています。フィラデルフィアで孤児院を建設したスティーブン・ジラール、黒人教育のためにお金を注いだピーボーディ、アフリカ探検のリビングストン、マサチューセッツ州に最初の女子大学を創設したメアリー・ライオンなどです。ただ、内村自身が帰国後手掛けた事業は成功しませんでした。彼の

『基督信徒のなぐさめ』には、「事業に失敗せし時」に一章が割かれています。これは内村の教育者としての事業の失敗、すなわち北越学館および不敬事件に遭遇した第一高等中学での経験が念頭に置かれています。しかし、にもかかわらず、内村の実践は事業的性格を持つものでした。「余は余の事業に失敗せしにより、絶望家となり、事業家たるの念を断ちしや。否、然らざるなり、余は今は真正の事業家となりしなり……余は動くべからざる土台の上に余の事業を建設し始めたり」（五：七二、七三頁）。

いずれにせよ、内村の「実行的キリスト教」は自発結社的事業である点で、ピューリタニズムを継承するものであったのです。

徳富蘇峰の転向

徳富の出発点はプロテスタント的人間的資質を前提として諸事業に従事し、文明日本を建設することでした。徳富は同志社の大学設立運動に参加し、同志社の学生に対して、「同志社学生に告ぐ」と次のように語りかけています。すなわち、「一国を導き、一国を動かし、一国をして恒に新鮮ならしめ、健全ならしめる」のは、つねに少数者の力に他ならない。「その選ばれたる少数者こそ、すなわち、一国の精神ともいうべく、元気ともいうべく、これを切言すれば、一国の良心」なのである。それを担うのはあなたがた同志社の学生ではないのか。「上帝はいかなる人物を出して我が邦を導き、我が邦を進め、わが邦をして新鮮ならしめ健全ならしめんと欲するか、あえて諸君に問わざるをえず」（六：四頁）。

さらに徳富はこうも続けています。「我が邦の運命は今後五〇年の間に決定」されるであろう。現在は、いわば「大いなる試験の時期」に他ならない。「破壊的の時代はすでに経過し去れり、今日は実に建設的の時代なり、およそ今日の時勢に際して国家を導かんとするものは、手を以て導くにとどまらず、心を以て導かざるべからず」。今こそ、日本の人民のこころが「深く刻み、厚く彫り、決して摩滅すべからざる力、みずから信ずる力」を持つことが必要である。それは「真理を愛し、人を愛し、上帝を愛し……すなわち、その精神は無極（永遠）を時とし、宇宙を家とするところの精神に存する」（六：四、五頁）。こうした精神を持つ人物の養成が、新島先生の願いであり、同志社大学設立の目的ではないか。このように同志社学生の奮起を促しているのです。

また、蘇峰は新島襄への追悼の中で、次のようにも述べています。「汝説教者よ、汝は汝の教会をして自治の教会たらしめよ、汝学校の教師よ、汝は汝の学校をして自由教育の学校となし、努めて……不羈の人物をして、その性に順応して之を教化せしめよ。汝書生よ、汝は汝の品行を養い、精神あり、活力あり、真正の自由を愛して、以て国家に報ゆるの人物と成れ、汝新聞記者よ、汝は汝が信ずるところの真理を、敵の前にても、味方の前にても、繰り返しこれを公言せよ、汝すべての者よ、よろしく汝の精神をつくし、力を尽くし、神を愛し、真理を愛し、互いに相愛し、もって我が邦をして清潔、健全の国たらしめよ」（七：三頁）。

また、この時期蘇峰はキリスト教徒が社会的勢力を増しつつあるとも考えていました。すなわち、「キリスト教徒将に政治上の勢力たらんとす」という評論では、西洋文明と密接な関係を持つキリスト教徒が、知力と財力を持ち、相互に連携しつつ、社会的勢力となっているというわけです。彼らは「婦人と少年とを味方」としているから、将来の可能性は大きいと考えられました。この成長しつつあるプロテスタント・キリスト教を基盤に、文明日本の建設に使命感を持ち、平民道徳を身に着けた職業人が輩出してくること、これが徳富の期待であったわけです。

しかし、その期待は実現されることはありませんでした。明治二四（一八九一）年に『国民之友』掲載の「心理的老翁」で、徳富はキリスト教会のなかで青年の覇気が失われ、「厭世者流」がはびこりつつあると見ています。本来、「キリスト教は進取、改革、希望、有為の宗教」ではないのか。したがって、教会青年は「希望を夢見、希望を侶とし、希望によりて生活」すべきだが、現実には「彼らは常に恋病人の如く暮らせり、半ば悟り損ねたる禅僧の如く暮らせり、彼らは安逸を愛し、無事を愛し、平穏を愛し、而していわゆる悲哀の快感を愛し」ている。「彼らの容貌は沈鬱にして、悲惨にして、貧相にして、窮餓の如し……彼らの文章はこれ一種の絶命詩なり、彼らの演説は、いつも葬礼演説なり」（八：三頁）というわけです。蘇峰の見立てでは、教会の青年たちが、世界の「孤囚」となっている。すなわち、「自ら清高の天地に独歩す」と叫びつつ、現実には「世界の外に隠居する人」になってしまった（八：七頁）。世俗内的天職への従事を促す蘇峰に対して、教会青年は世俗外的な瞑想の人となってしまったのです。蘇峰はこれをキリスト教の仏教化とも述べています。

このように徳富の立場は困難な課題に直面しつつあったのですが、その後、日清戦争、日露戦争を経て、大きく変貌を遂げることになります。大正五年発行の『大正の青年と帝国の前途』の緒言で徳富は、本書がかつての『将来之日本』と『新日本之青年』を根本的に改作したものと宣言しています。日清、日露の二つの戦争を経験するなかで、「個人的平民主義より国家的平民主義となり、自由平和の理想家より、力の福音の信者となり、ついに帝国主義者として、東洋自治論の唱道者」となったというわけです。この間の事情は、日露戦後の『時務一家言』の緒言に記されていますが、朝鮮半島の危機に際して、徳富は東アジアにおける日本の勢力拡大が日本の使命であることを示しています。従来の徳富の立場は、国内政治を念頭に置きながら、藩閥政府に対して急進的平民主義の立場から批判するものであったのですが、ここで日本の対外的立場の向上に主眼を移すことになりました。とくに、日清戦後において、清から割譲を受けた遼東半島を、ロシア、フランス、ドイツという大国から還付を求められたことにより、徳富は精神的には別人となったのでした。

「二十七八年役（日清戦争）は、書籍によりて学びたる予をして、初めて事実によりて学ばしめたり。……別言すればこの役の感化は、スペンサア、コブデン、ブライト等（……）感化を超越し去れり。……予はこれ（三国干渉）に於いて、無力なる道理は、有力なる無道理に勝たず、道理をして実行せしめんとせば、これを実行せしむる実力なかる可からざるを覚悟したり。……予は是に於いて、力の福音に帰依したり。……予は三国干渉によりて、力の福音の洗礼を受けたる也」（九：二二七七頁）。

こうして、これ以後の徳富の言説は、世界政治における日本の地位の確立、東アジアにおける日本の立場の強化、日本帝国主義の実現に焦点が合わせられることになるわけです。徳富の出発点で、『将来之日本』で示された産業国家と平和世界の目標は、帝国主義として書き換えられ、その精神的な基礎もプロテスタント的な平民道徳から「皇室中心主義」として語られることになります。「皇室中心主義」は忠君愛国の精神とも呼ばれますが、必ずしも過去の復古ではありません。「平民主義、国民主義、国家社会主義を貫串したる皇室中心主義なり。君民徳を一にし、挙国一致的の帝国主義なり。すなわち内に平民主義を行い、外に帝国主義を行い、而して皇室中心主義を以て、両者を一貫、統制するなり」。すなわち、日本社会のあらゆる局面での統合する原理を「皇室中心主義」と提示したのでした。

おわりに

徳富蘇峰の転向は、日清戦後の翌年、欧米視察に一年余り出かけ、帰国後、内務省勅任参事官に就任したことで明らかとなり、社会的に大きな反響を呼びました。徳富の出発点は、プロテスタント的背景を持つ平民主義で、急進的欧化主義の立場に立ち、貴族的欧化主義をとる藩閥政府への批判者として知られていました。しかし、徳富は日清戦後、三国干渉を経験して、国際政治における力、軍事力の重要性に目覚め、将来起こるであろう日露の衝突を覚悟して、藩閥政府と妥協するに至ったのでした。とすれば、対外的に日本の膨張を支える精神はどこに求めることができるか。そこで徳富は日本の過去、幕末の対外的危機の中で日本国の再編を成し遂げた尊王思想に求める他なかったわけです。ここにピューリタニズムと日本の共同体、徳富蘇峰のピューリタン的な「平民道徳」の立場が、日本の共同体、日本国家の論理に絡めとられていった事例が見られるのではないか。これが私の最初の問題関心で、その意味を論じるべきところで、時間がなくなってしまいました。

欧米歴訪の際に、徳富は平和主義者トルストイを訪問したりもしていますが、ルーマニアが「いかに小国なるも、醒めたる小国は、眠れる大国をも威嚇するに足れりと認め」、日本の可能性に目覚めたと記しています。徳富によれば、日清戦争までの日本は「欧州諸小国のごとく、所謂退嬰、自遜、以て強国の間に依違して、その独立を全う」していた。いわばなるべく存在感を消して存続していたが、日清戦後は、「自力にて立つ以外には、何らの方便もない」。「国家の興隆は、断じて積極政策に由るべき」である。徳富はそのような判断から、平民主義ではなく帝国主義の旗を掲げて前進することになったのでした。

徳富のプロテスタント的背景を持つ平民主義から、皇室中心主義的帝国主義への転向には、同情すべき点がないではありません。東アジアにおける新興大国となるにはそのイデオロギーが必要で、プロテスタント的思想をそこに用いることは不可能でした。また、徳富の平民主義の精神的支えとして期待されたキリスト教会も、はかばかしい進展を遂げているとは言えませんでした。徳富の皇室中心主義は、その欠落を埋めるものであり、その表看板を別にすれば、徳富の転向の以前と以後の主張には、内容的には連続する面もあったのです。例えば、『大正の青年と帝国の前途』では、日本国民を総括する平民主義、また富豪をも貧民をもつなぐ日本の「社会主義」には皇室中心主義が必要だとして次のように語っています。

「ねがわくは宗教家は、この日本魂を土台として、その宗教を宣伝せよ。文学者は、この日本魂を土台として、その詞藻を発揮せよ。およそ学校という学校、学問という学問は、この日本魂を土台として、総ての事を教え、総ての事を研究せしめよ。而して政治家も、実業家も、軍人も、官僚も、老幼、男女の差別なく、苟も日本国民たる者は、まずこの日本魂を主持して、而して後各個の業務に従事すべし」（十：二八五頁）。

ここで徳富は平民道徳を支えるキリスト教信仰、神への敬虔の代用物として日本魂、皇室への敬虔を教えているわけです。それだけではありません。『大正の青年と帝国の前途』の末尾に、大正の青年に「自恃の精神」を訴えていますが、そこで参照されているのが、徳富が青年時代から愛読したエマーソンに他なりませんし、その関連でホイットマンの「公道歌」が引用され、さらには時間の空費を避けるためには米国人に学べとさえ言っています。徳富の皇室中心主義には、ベクトルは正反対に見えつつ、内容的には「平民道徳」が生きているわけです。

しかし、徳富は超越者への敬虔から忠君愛国、「皇室中心主義」に切り替えたことで大きな代償を支払わなければなりませんでした。日本の帝国主義の実現を至上命題とし、皇室中心主義を聖化したことは、日本国家自体を相対化する視点を見失わせることになったのです。その後、徳富の「皇室中心主義」は「大東亜戦争」を鼓舞するイデオロギーともなりました。大正の半ばより、徳富は『近世日本国民史』に没頭し、時論家としては第一線を退きますが、国民教育読本ともいうべき書物は書き続け、その延長に対英米戦を勝ち抜くための『国民必勝読本』がありました。その点で、日清戦後に日本の帝国主義に懸念を抱き、日本国の天職をあくまでも超越者の視点から見定めようとした、内村鑑三とは対照的でありました。内村鑑三は、『興国史談』の中で、真正の日本人、本当の日本人とは、日本国の天職を遂行する人であり、現在の日本人、大和民族ではないかも知れないと言っています。

徳富蘇峰の転向は、誰が見ても明らかな方針の転換であり、大日本帝国の結末を知るわれわれからすれば、問題点も明らかです。「皇室中心主義」という言葉自体、あまりに単純素朴であるとの印象もありますが、徳富が取り組んだこと、その内実をつぶさに見るとき、それほど単純な問題ではないことに気がつきます。徳富には最後まで、ピューリタンの末裔的な要素が残っていたからです。困難な中に使命観に訴え、戦いを鼓舞する徳富のレトリックも、伝統日本のものではないからです

明治一五〇年の視野で語ることを期待されつつ、明治五〇年ほどで私の話は終わってしまいました。日本の現代史でプロテスタンティズムないしピューリタニズムが再び脚光を集めたのは、戦後改革の時期といってよいでしょう。人権思想、信仰の自由、労働組合、婦人解放、戦後憲法の制定は、アメリカン・デモクラシーと呼ばれたように、ピューリタニズムと親和的でありました。しかし、再出発した教会の勢いは、七〇年頃を境に頭打ちとなり、七〇年代の二度にわたる石油危機は、日清・日露の戦いとよく似て、日本の経済大国に向けた体制を整えるものでした。そうした中で、日本独自の経済運営が評価され、日本

企業や政府の共同体的経済運営が注目されたことがありました。しかし今日、日本独自な経済成長戦略はガラパゴス化と揶揄され、維新、戦後に続く第三の開国が求められています。戦前の日本は、「平民道徳」ならぬ「教育勅語」によって大日本帝国を建設し、遂には大東亜共栄圏の建設に踏み出して、挫折しました。日本の共同体の論理で、世界帝国の建設は不可能だったのです。それとよく似て、戦後の日本は日本的経営によって経済大国となったものの、その延長に世界経済の系列化に失敗したということもできます。日本の共同体の論理は、世界共同体を作り上げることはできないのです。

では、第三の開国が必要であるとして、第一の開国、第二の開国の時と同じように、日本でプロテスタント陣営はなんらかの積極的な貢献を為すことができるでしょうか。過去の開国時に果たした役割とその挫折から、われわれは何を学ぶことができるでしょうか。現代の日本は、教会を中心とするプロテスタント勢力の存在感という意味ではおそらく史上最低ではありますが、グローバルな社会で日本がふさわしい役割を果たすには、日本の共同体を超える思想が必要なのです。他方、自発結社活動の興隆という意味では、史上最高です。伝統的なイエやムラを超えた共同体づくりが日本社会のあちこちで展開されていますが、フリーチャーチの国で発展した自発結社、社会倫理は、その宗教的な根拠を離れて、健全に発展していくことができるでしょうか。ピューリタニズムの伝統に代わってなんらかの精神的代替物で推進されていることはないでしょうか。

本日の私の話も、そのような文脈で参考にしていただければ幸いです。最後は、駆け足となってしまい恐縮ですが、この辺で私の話を終わりにいたします。

追記

本稿は研究論文ではなく講演ですので、注記は省略しましたが、長い引用句につきましては、（引用文献番号○：○頁）として典拠を挙げておきます。以下は、その引用文献表です。

引用文献表（引用順）

一　内村鑑三、鈴木範久訳『余はいかにしてキリスト信徒となりしか』（岩波文庫、二〇一七年）
二　杉井三郎他編『同志社・大江義塾　徳富蘇峰資料集』（三一書房、一九七八年）
三　徳富蘇峰『新日本之青年』神島二郎編『徳富蘇峰集』所収（筑摩書房、一九七八年）
四　徳富蘇峰「新日本の二先生――福澤諭吉君と新島襄君」草野茂松他編『蘇峰文選』（民友社、一九一五年）
五　内村鑑三『基督信徒のなぐさめ』（岩波文庫、一九七六年）
六　徳富蘇峰「同志社学生に告ぐ」『国民之友』三五号、明治二一（一八八八）年一二月
七、徳富蘇峰「新島襄の逝去と追悼」『国民之友』七二号、明治二三（一八九〇）三月
八　徳富蘇峰「心理的老翁」『国民之友』一一八号、明治二四（一八九一）年五月
九　徳富蘇峰『時務一家言』植手通有編『徳富蘇峰集』（筑摩書房、一九七四年）
十　徳富蘇峰『大正の青年と帝国の前途』神島二郎編『徳富蘇峰集』所収（筑摩書房、一九七八年）

なお、本稿全体にわたって、次の文献を参照していただければ幸いです。

梅津順一『文明日本と市民的主体――福澤諭吉・徳富蘇峰・内村鑑三』（聖学院大学出版会、二〇〇一年）
梅津順一『ピューリタン牧師バクスター――教会改革と社会形成』（教文館、二〇〇五年）
梅津順一『日本国を建てるもの――信仰・教育・公共性』（新教出版社、二〇一六年）

第2章

日本の家族を支える法制度の変遷とキリスト教

棚村政行

はじめに

平成三〇（二〇一八）年は、明治元（一八六八）年からちょうど一五〇年の年に当たり、日本各地の様々な機関や団体で、明治維新から一五〇年を振り返るイベントが活発に開催された。とくに、「明治一五〇年」関連施策の推進については、内閣府が中心になり、各省庁をはじめ、地方公共団体、民間団体において、資料の収集、アーカイブ化の推進などとともに、当時の産業・技術などの講演会やシンポジウムの開催、作品の展示、建築物の公開など、明治期について多くを学ぶ機会が設けられ、私たちにとっても一五〇年の日本の近代化を振り返る好機となった(1)。

ところで、幕末の激動の時代を経て、明治以降、日本は、まさに近代国民国家の形成に向けた大きな一歩を踏み出すことになった。日本の近代化への最初の取り組みとしては、大日本帝国憲法の制定、立憲政治・議会政治、内閣制度の導入など政治改革はもとより、鉄道開業や郵便制度、官営工場の創設など技術革新と産業化の強力な推進、義務教育の導入や女子教育など教育事業の充実等、明治初年から実に多くの先駆的な取り組みが推進された。

また、この時期、海外からの知識・技術・文化の受容も盛んになされている。つまり、若者や女性等が海外に留学して幅広い知識・技術を獲得し、その知識・技術を活かしつつ、日本の独自の文化や伝統を大切にした知識や技術に加工するなど創意工夫も凝らされた(2)。

明治時代とキリスト教についても簡単に振り返ってみると、一八六七（慶応三）年に成立した明治維新政府も、一八六八（明治元）年四月に五榜の掲示という高札を示して、江戸時代同様にキリスト教禁圧政策を継続した。しかし、キリスト教禁止と信徒への弾圧は、諸外国からの激しい抗議と反発を招き、岩倉使節団の欧米諸国の視察の際に、キリスト教解禁が条約改正の条件とされたことも手伝い、ようやく日本でも、一八七三（明治六）年、キリスト教禁教令が解かれることになった。[3]

冒頭でも触れたように、政府や自治体などでは、「明治一五〇年」を迎える平成三〇（二〇一八）年を節目に、改めて明治期を振り返る取り組みが盛んに行われた。そこで、ここでも、近代日本の家族と法制度を取り上げて、夫婦の氏、戸籍制度、婚外子差別、民法典論争などとキリスト教との関係について歴史を振り返って検討するとともに、私たちがこれから何をしなければならないかを考える機会にしたいと思う。

近代的な民法典の編纂

明治維新政府は、幕末に欧米列強諸国の強力な軍事力を背景に結ばされた不平等条約の改正に向けて、近代的な法典編纂事業を進めた。[4]例えば、アルベール・シャルル・ドュ・ブスケは、一八七一（明治四）年に翻訳官として元老院の前身である左院に雇用され、元老院の国憲按起草の資料など、一〇〇以上の法律、軍事などのフランス資料を翻訳したほか、条約改正交渉に関して助言・建議を行った「お雇い外国人」の一人でもある。ドイツ人の法学者・経済学者ヘルマン・ロエスレルは、一八七八（明治一一）年に来日し、アルバート・モッセらとともに「大日本帝国憲法草案」や「商法草案」の作成の中心メンバーとして活躍した。

また、フランスの法学者ギュスターヴ・ボアソナードは、「日本近代法の父」と呼ばれ、明治政府の法律顧問として、刑法典や民法典の編纂作業にあたった。[5]

一八七〇（明治三）年、明治維新政府は、太政官に制度取調室を置き、江藤新平を長官として法典編纂局を設け、当時最先端を走るフランス民法を範として民法典編纂を試みた。江藤は、当初、箕作麟祥（みつくりりんしょう）に「誤訳であっても良いから、早く翻訳すべし」とフランス民法の翻訳を命じたと言われている。(6)

一八七九（明治一二）年に、法律顧問のボアソナードに民法草案（ボアソナード民法）を起草させ、日本各地の慣習調査と、日本人委員による討議を経て、一八八六（明治一九）年までに、財産法の原案が成立した。一八八八（明治二一）年には、ボアソナード民法草案が成立し、一八八九（明治二二）年に元老院の議決を経て、一八九〇（明治二三）年四月に、『民法財産編・財産取得編・債権担保編・証拠編』として公布、残部についても、一〇月に、『民法財産取得編・人事編』として双方とも、一八九三（明治二三）年に実施されることが予定されていた。(7)

しかしながら、ボアソナード民法は、かなり進歩的なもので、フランス法に倣っていたために、とくにイギリス法系の学者たちから猛烈な反対を受けることになった。これがいわゆる「民法典論争」である。すなわち、一八八九（明治二二）年の学士会の「法典編纂に関する意見書」で、外国の制度を模範として新しく法典を作るのは単行法として制定すればよく、法典化遂行は「民俗に違背し複雑になり」「徐々に修正を加えて完成させるべきだ」と批判した。とくに、一八九一（明治二四）年の穂積八束（やつか）の「民法出テ忠孝亡フ」は、フランス流の民主的近代的な家族法部分は、家長権の神聖にして犯すべからざる家制度を壊すもので、極端な個人本位の民法は家制を破滅させるとの批判を大々的に展開した。東京法学院の「法典実施延期意見」では、キリスト教国の風習を入れようとしていると批判していた。他に法典延期派の法学者として、富井政章、穂積陳重（のぶしげ）などがいたが、法典断行派としては、梅謙次郎、箕作麟祥、磯部四郎などがいた。断行派は、旧来の悪習を打破し、臣民の権利保護をして、我が日本国を完全なる法治国にする必要があると説いた。[8]

その結果、ついに一八九二（明治二五）年の第三帝国議会において、激しい議論の末民法の施行延期が決定された。そこで政府は、一八九三（明治二六）年二月に法典調査会を設置し、穂積重遠、富井政章、梅謙次郎の起草委員らが、ドイツ民法第一次草案等を参考に、何百回とも言われる討議を経て慎重に検討した。このようにして、一八九六（明治二九）年一二月に財産法の部分は審議を終え、第九回帝国議会で可決され、身分法の部分は一八九八（明治三一）年に審議を終了し、明治民法は一八九八（明治三一）年七月に施行されることになった。[9]

明治三一年民法の特色と構造

戦前の明治三一年の民法は、封建的家父長制的な家制度及び家督相続制度を基軸にしていた。[10]その特色として、①男尊女卑、②戸主による家族の統率、③固定的身分的序列、④年長者優先をあげることができる。「家」は戸主（家長）とその家族により構成される（明治民法七三二条）。家族は、家長である戸主の支配・命令・監督に服する。他方、戸主は家族を扶養する義務を負う（同七四七条）。戸主及び家族はその家の氏を称する（同七四六条）。

戸主の地位は、家督相続により、①戸主の直系卑属のうち、親等の最も近い者が優先し、②親等が同じ場合は、男が女に優先し、③親等が同じ男、親等が同じ女の場合は、嫡出子が非嫡出子に優先し、④親等が同じ嫡出子、庶子（父が認知した子）、私生子間では、女であっても嫡出子、庶子が優先して、⑤全て同じ場合は、年長者が優先した（同九七〇条）。[11]

婚姻では、婚姻適齢は、男が一七歳、女が一五歳であった（明治民法七六五条）。婚姻は、家と家との契約であり、家長である戸主の同意が必要とされた（同七五〇条）。さらに、男は満三〇歳、女は満二五歳まで、父母の同意も必要であった（同七七二条一項）。婚姻によって、妻は夫の家に入るものとされた（同七八八条）。婚姻して、妻は「家」の「嫁」となり、「家」の氏を称した。婚姻により、妻は無能力者となり、重要な取引や財産処分には夫の同意が必要とされた（同一四―一八条）。

夫婦財産制については、夫婦財産契約制も認められていた。しかし、これはほとんど利用されず、法定夫婦財産制が適用された。すなわち、管理共通制といい、夫が妻の財産を管理するとともに（同八〇一条）、婚姻費用は夫が負担する（同七九八条）。妻が婚姻前から有する財産及び婚姻中自己の名で得た財産は、夫の財産と推定していた（同八〇七条）。

離婚については、離婚原因も、家制度の下で、不平等極まりないものであった。例えば、妻が姦通、別の男性と不倫をすれば、それだけで離婚が認められたのに対して（同八一三条二号）、夫の不倫は強姦をして姦淫罪に問われるとか、姦通罪で処罰されて有罪にならないと離婚原因とされなかった（同八一三条三号）。再婚禁止期間について、夫は死亡または離婚により婚姻が解消されると直ちに再婚ができるのに対して、妻は六カ月の再婚禁止期間が定められた（同七六七条）。

親子法でも、親権者は、原則として「家」にある父であり（同八七七条一項）、父が知れないとき、死亡したとき、「家」を去ったとき、または親権を行うことができないときに、例外的に母が親権を行うことができた（同八七七条二項）。子は、成年となり、かつ独立の生計が立てられるようになるまでは父の親権に服した（同八七七条）。婚姻しても、子に対する親権は、父の支配権とされていた。[12]

家督相続では、子どものうちでも、原則として長男（推定家督相続人）が優遇され、子どもは不平等な地位に置かれた。嫡出子と非嫡出子（庶子、私生子）は、家督相続の順位でも差別され（同九七〇条）、法定相続分は嫡出でない子は、嫡出子の二分の一とされた（同一〇〇四条）。

夫婦の氏（姓）

近代的戸籍制度の確立ということで、明治維新政府は、中央集権的な近代国家の樹立のためには、徴税と徴兵など国民の実態把握と人民の統制が不可欠の前提作業と考えた。一八七一（明治四）年の戸籍法では、政府は、全国人民の保護を本務とし、その任務を果たすために国民の把握をしなければならず、国民もまた申告をするなど協力をしなければならないものとした。日本の近代的戸籍は、一八七二（明治五）年からスタートすることになり、いわゆる「壬申戸籍」と呼ばれている。戸籍制度は、土地制度（地租改正条例など）と並んで、全国民を「戸」（世帯）を単位として一元的に把握するとともに、徴兵・徴税・衛生・教育・治安維持・家族関係など権力的行政目的で人民を掌握する手段としての機能を果たした。[13]

江戸時代には、苗字帯刀御免などと、武士など特権階級でなければ、苗字（氏・姓）を名乗ることはできなかった。明治政府は、一八七〇（明治三）年に、「平民苗字許容令」を出して、江戸幕府の下での特権的な百姓・町人に許可していた苗字を否認して、平民でも人民掌握の観点から苗字を名乗ることを許容した。しかし、この当時、苗字を有する家は六％ほどで、九四％は苗字を持たなかった。[14]当時、識字率も低く、江戸幕府時代の士農工商という身分的序列を改め、平民として苗字を名乗ることを許容しても実効性は上がらず、やむなく、政府は、一八七五（明治八）年に、「平民苗字必称令」を出して、平民が苗字を公称することを義務づけた。

一八七六（明治九）年三月一七日、内務省は、石川県からの妻は婚姻後は婚家の氏を名乗るべきか、それとも旧来通り実家の氏を名乗るべきかのお伺いに対し、「所生の氏を用いるべき」と、妻は夫の家を相続しない限り実家の氏（旧姓）を名乗るべきだと指令した。これが明治九年の太政官指令である。[15]

明治初期の庶民の夫婦同氏慣行について、福澤諭吉も、一八八五（明治一八）年の『日本婦人論』で、男女平等の視点から、婚姻により夫婦それぞれの氏から一字ずつとり夫婦の新たな氏を創ることを提唱した。[16] 少なくとも、一八八七（明治二〇）年頃からは、政府の「所生の氏」強制政策に対して、一般庶民の夫婦一体的な生活実態や欧米流の男女平等・キリスト教的な人権思想・夫婦一体思想の影響もあり、庶民の間での「夫婦同氏」の慣行が広まっていた。[17] 一八七八（明治一一）年の司法省の「民法草案」は、「婦ハ其夫ノ姓ヲ用フ可シ」（一八八条）と規定した。この規定がはじめての立法提案であり、当時の夫婦別氏原則を否定して、夫婦同氏原則を採用するものであった。これは、キリスト教の夫婦一体思想及び庶民慣行が背景にあったと思われる。[18]

一八八八（明治二一）年の民法「第一次草案」では、妻の夫への従属性から、夫の氏を称する夫婦同氏原則を採用した。これは、フランス流のキリスト教的夫婦一体思想にもとづいたものであったと解される。[19]

明治三一年民法の家制度の下での夫婦同氏については、すでに述べたように、明治二三年民法も、「民法典論争」後、施行延期になったが、夫の氏を称する夫婦同氏の原則を採用していた。延期派の富井政章も、穂積陳重も、夫婦別氏を不都合とみて、夫の氏を名乗る夫婦同氏を支持した。断行派の梅謙次郎も、妻が夫の家の氏を名乗ることは当然と考えていた。

明治民法は、「戸主及ビ家族ハ其家ノ氏ヲ称ス」（同七四六条）、「妻ハ婚姻ニ因リテ夫ノ家ニ入ル」（七八八条一項）と規定しており、氏は「家名」であり、家制度の下での夫婦同氏とした。明治民法の夫婦同氏は、その背景として夫・夫家との一体性、庶民の生活実態、家制度の再編・強化等があったと解されている。これは、「キリスト教的な夫婦一体観に由来する夫婦同氏を換骨脱胎するものであった」とも評されている。[20]

日本国憲法の制定に基づく「家制度」や「家督相続」の廃止に伴い、戸籍制度や夫婦の氏についても見直しが求められた。一九四六（昭和二一）年八月、司法省は、「夫婦共に夫の氏を称す。但し、当事者が婚姻のときに反対の意思を表示したときは妻の氏を称す」と、夫婦の氏は夫の氏とする民法改正草案第一次案を示した。しかし、これに対してＧＨＱは、明治民法と変わりなく、平等権に反すると批判し見直しを求めた。現行七五〇条の夫婦同氏制として「夫婦は、婚姻の際に定めるところに従い、夫又は妻の氏を称する」と規定する。氏は、身分より個人の呼称性が強くなったものの、夫婦の一体性や国民感情に配慮したものと言われる。[21]

婚外子の相続分差別

一八七九（明治一二）年に、司法卿大木喬任（たかとう）は、当時のフランス民法典に依拠しつつも、日本の国情に適する民法草案の起草をボアソナードに命じた。他方、大木は、委員を全国各地に派遣し、人事・財産・契約に関する民間の慣行を調査させた。これは、一八八〇（明治一三）年に刊行された『全国民事慣例類集』として、立法官、裁判官、法学者に役立てられることになった。一八八〇（明治一三）年に、元老院に「民法編纂局」を設置し、ボアソナードが財産法部門の起草を託される。一八八二（明治一五）年、第一編人事編は、日本の風俗・習慣等を配慮する必要があるため、日本人委員である熊野敏三・磯部四郎らが起草することにした。そして、一八八八（明治二一）年に、ボアソナードの意見も聞いたうえで、『第一次草案』が成立した。[22]

民法第一次草案では、婚外子の相続分は、婚内子と同等にしていた。その草案の提案理由では、欧州各国は、「庶出子」（婚外子）の相続分を「正出子」（嫡出子）に比べて僅少にしたのは、父母の不行跡を戒める趣旨であり、我が新法においては、この考え方を採用しないとする。父母に問題があっても、婚外子には知らないことであり、子に対して父母の責任を問うことは理由にならないとしている。

一八九〇（明治二三）年旧民法の戸主以外の家族の遺産相続では、相続において、同様の理由から、嫡出子、庶子、私生子の区別なく、平等に扱われた。[23] その後、すでに述べた「民法典論争」が巻き起こり、結局、明治二三年のボアソナードを中心に起草した旧民法は施行されることなく、新たな民法典編纂が行われた。

明治三一年民法は、家督相続人の承継順位として、家族である直系卑属の場合は、①親等の近さ、②男子、③嫡出子、④年長者優先の原則を採用したことから（明治民法九七〇条一―五号）、子が複数ある場合には、①嫡出男子、②庶男子、③嫡出女子、④庶女子、⑤私生婚外子でも、家督相続人になれるチャンスはあったが、戸主の同意を得たうえで、その家に入り、被相続人の家族と認められなければならなかった（同七三五条一項）。

遺産相続の場合も同様であった。しかし、旧民法と異なって、遺産相続については、婚外子の相続分は、婚内子（嫡出子）の二分の一とされた（同一〇〇四条）。民法修正案理由書では、庶子や私生子の相続分も嫡出子と同一にすれば、正当な婚姻によって生まれなかった者の利益を保護しすぎることにもなり、法定相続分を少なくすることは古来慣例上普通の状態であると説明されていた。[24]

日本国憲法の個人の尊厳尊重及び両性の本質的平等の実現を受けて、家制度と家督相続制度は廃止されることになったが、嫡出子と嫡出でない子の法定相続分については、当時の進歩派であった中川善之助委員から、婚内子と婚外子の相続分の平等化についての提案があった。[25] 家制度の下で屈辱的な状態に置かれてきた女性たちを代弁して、夫が妻以外の妾に産ませた子につき、同等の保護をすることは封建的な家父長制を温存して、妾制度を保護するに等しいと、とくに女性委員からの大反対を受けた。

戦後の民法改正における法定相続分について、結局、一九四六（昭和二一）年一〇月、臨時法制調査会第三回総会において、奥野健一幹事は、子に罪があるわけでなく法の下の平等に反するような感じもするが、他方で、正当な婚姻の保護、尊重ということを考慮しなければならず、さりとて、多少の差別や優遇があってもやむを得ない、まったく相続できないわけではないので折衷的な立場を採用したと述べている。[26]

以上のような厳しい議論を経て、民法九〇〇条四号但し書では、「ただし、嫡出でない子の相続分は、嫡出である子の相続分の二分の一」とすると規定され、婚外子の相続分を一切認めないわけでなく、他方で、法律婚や嫡出子の立場も尊重して、明治民法通りの二分の一とする規定を踏襲することになった。

明治・大正・昭和の家族の実態と家族問題

一八七二（明治五）年の日本の総人口は、三四八〇万六〇〇〇人、うち男一七六七万人、女一七一四万人とされる。[27] 当時の婚姻の実態として、男は二〇代前半は独身が半数であり、二〇代後半ではほとんど結婚していた。女性は、大部分が二〇代前半で婚姻し、一部は二〇代後半で婚姻したとされる。結婚は、上流階級では見合いや親と親との相談で決まることが多かったという。[28] 結納開きの日に、親類や近所の人を呼んで酒をふるまい、嫁入りが済むと、近所の人が見に来たり、姑と嫁が村中を回って挨拶をするなど地域のしきたりや慣行は異なっていた。[29]

明治前期の日本は、きわめて高い離婚率であったことがうかがわれる。例えば、一八八二（明治一五）年から婚姻・離婚についての全国集計がなされた。明治一五年の総人口は、三六七〇万人で、婚姻は三〇万九〇〇〇件、離婚は九万六一〇〇件であった。一八八三（明治一六）年の離婚件数は一二万七一六二件、離婚率三・九（人口一〇〇〇人当たりの離婚届出件数）である。日本の戦後の離婚率が上昇しはじめた二〇〇四（平成一六）年の離婚率二・一五と比べても、明治一六年の離婚率は一・五倍も高い。一八八七（明治二〇）年には婚姻は三三万四〇〇〇件、婚姻率八・五五であり、離婚件数一一万一〇〇〇件、離婚率二・八四であった。一八九七（明治三〇）年には、婚姻三六万五〇〇〇件、婚姻率八・四五で横ばいだったのに、離婚件数は一二万四〇〇〇件で、離婚率二・八七と極めて高い水準を示していた。[30]

ところが、一八九八（明治三一）年の明治民法施行後の一八九九（明治三二）年、離婚率は一挙に低下し、一・五〇とほぼ半減した。離婚率の高かった原因はいったいどこにあったのであろうか。一九五五（昭和三〇）年に、社会学者大塩俊介氏は、①明治三一年までは、結婚も離婚も地方的慣習的承認に任されていて、法的介入が存在しなかったこと、②日本独自の家父長制的家族制度の下で離婚は男子専権的・家本位的に行われていたこと、③西欧諸国のように、キリスト教のような離婚を禁止したり、否定する「罪の意識」が日本人には欠如していたことなどをあげている。[31]

これに対して、家族社会学者の湯沢雍彦氏は、農漁村での高い離婚率と離婚・再婚の意識を挙げて、その調査結果からは、嫁が夫の家族と調和できない期間が長いこと、追い出し離婚もあるが、嫁からの逃げ出し離婚もあること、処女性よりも、労働力の有無が高く評価されること、再婚についての違和感・抵抗感がないことが挙げられ、とくに、東北五県の平均初婚年齢は男一七歳、女一四歳ときわめて低く、離婚に対して恥とも悲しいとも感じない離婚感があり、離婚率を押し上げていたと説く。[32]

また、大正デモクラシーの時代の家族についてみると、明治が四五年、昭和が六三年であり、大正は一四年五カ月という短い期間であった。しかし、明治と昭和の「時代の架け橋」でもあり、自由と抑圧、貧困と格差の拡大、内縁や私生子、米騒動・労働争議・小作争議・借地借家紛争などに象徴される激動の時代でもあった。[33]

まず第一に、明治から大正にかけて、内縁問題の発生を挙げることができる。一八九八（明治三一）年の民法は、それまでの儀式婚主義を改め、婚姻は戸籍による届出をしないと効力を有しないとする届出婚主義を採用した。当時の起草委員は、届出を基準に婚姻と非婚姻を区別し、届出の励行で、婚姻を近代化することを期待し、届出をしない男女をやむをえないもの、私通として無効とし、せいぜい詐欺的な要素があれば損害賠償ができると考えていた。[34]

一九一八（大正七）年までの人口動態統計、一九二〇（大正九）年、一九二五（大正一四）年の国勢調査からの推計では、民法施行後二五年を経た一九二〇年代の内縁率、男性約一七%、女性約一六%とされた。当時の婚姻の多くは、仲人が仲介する「媒介婚」であり、婚姻がうまくゆくかどうかは挙式後時間をおいてみられた。また、婚姻は家と家の結びつきで、嫁が家風に合うか、家の後継である子を産めるかどうかが重視された。婚姻は、推定家督相続人同士が婚姻することはできず、また婚姻に父母の同意や戸主の同意も必要で、同意が得られず、内縁にとどまるものも少なくなかった。

このように、家制度的な原因で、法律的必然的に内縁になるカップルが生み出された。また、工場・鉱山労働者の内縁も多く、一九二五（大正一四）年の社会局の実態調査でも、全国三四一七工場の内縁率は、男性二〇・二%、女性三〇・三%、全国二三一鉱山の内縁率は、男性二九・六%、女性四〇・二%と国民一般よりも高い率であった。それから一一年後の一九三六(昭和一一)年の社会局の調査結果でも、全国五八八二工場の内縁率は、男性一二・四%、女性二二・三%、全国四六二鉱山の内縁率は、男性一八・三%、女性二六・四%であり、一九四〇(昭和一五)年の国勢調査で、一般国民の内縁率が男性七・〇%、女性七・四%であるのに比べると高い水準を示していた。法律的知識の欠如・無関心もあったが、手続の煩雑さや届出制度の不備などアクセスや利用上の不便も手伝って、内縁が数多く発生した。[35]

第二に私生子の増加と因習的差別も挙げられる。当然に、内縁関係が多ければ、婚姻外の性関係から生まれた子も多くいたことが分かる。明治一八年から統計院や内務省の統計があるが、明治末期から大正末期までが、私生子の一番多い時代であった。一九二〇(大正九)年の私生子は、一六万六九六六人で、全出生数の八・二%を占めていたが、明治末期には九%前後であった。地域差もあり、一九一八(大正七)年には、大阪府一七・五%、北海道一五・四%、香川県一三・四%であったが、埼玉、山梨、静岡などは四%にも達していなかった。大阪、北海道などは、国外(とくに朝鮮)及び国内からの移住者と下層労働者が多く、婚姻届をしない不安定な男女関係が比較的多かったことが要因と思われる。[36]

明治民法は、実子につき、婚姻によって生まれた子を「嫡出子」、父の不明な子を「私生子」、父が認知した子を「庶子」と三分類した。もっとも、私生子も庶子も父母が婚姻すれば「嫡出子」となることはできたが、「父無し子」「裏子」「畑子」など侮蔑的な名称で呼ばれ、かつ結婚や就職などでもあからさまな不利益を受けるなど、甚だしい社会的な差別やいわれのない偏見に晒されて、厳しい境遇に置かれていた。

昭和前期の家族について言うと、一九二六(昭和元)年から一九四五(昭和二〇)年八月の敗戦までの一八年八カ月は期間的には長くないが、「疾風怒濤」のすさまじい時代であった。昭和恐慌、労働者に対する賃金カット、人員整理、失業者の増大、小作争議、満州事変、第二次世界大戦の勃発、国民徴用令、物価統制令、アジア太平洋戦争など、政治、経済、社会は大きく激動し、主要都市の大空襲などで、多くの家族は大切な家や人を失った。[37]

昭和初期の結婚については、国立社会保障・人口問題研究所が一九三五（昭和一〇）年に結婚した夫婦について行った調査結果では、見合い結婚六九・〇％、恋愛結婚一三・四％、どちらとも言えないが一七・六％という結果であった。大方は、見合い結婚で、親や親族の賛成で結婚ができた。その意味で「不自由婚」とも言われる。農村・漁村・山村では、そもそも、近場で「幼馴染婚」が多く、見合いもなく、九割以上が村の中で結ばれる「村内婚」であった。[38]

ここで、海外への集団移民政策についても簡単に触れる。日本人の海外移住は、明治初年からはじまってはいたが、もっとも大規模に行われたのが昭和前期であった。一八八五（明治一八）年に、政府は、第一回の官約ハワイ移民六〇〇人を公募したが、その四七倍、二万八〇〇〇人の申し込みが殺到した。この官約移民は、その後一〇年で約三万人の移民をハワイに送った。この波は、アメリカ本土、カナダにも及び、アメリカ移民は一九〇六（明治三九）年、一九〇七（明治四〇）年だけでも五万人を超えた。しかし、日本人は低賃金で過酷な労働に耐え、よく働いたので、現地労働者の仕事を奪い、結果的に、排斥・排日運動が活発化した。そのため、行き先は南米に移り、メキシコ、ペルー、ブラジルへの移民が主流になった。[39]

ブラジル移民は、一九〇八（明治四一）年からはじまったが、移民のための家族には、夫婦のほか一名以上の親族、一二歳以下の子どもも夫婦の家族なら同行できた。しかし、移民したいがための「偽装夫婦」もいたと言われている。当初は、永住ではなく、三、四年働いて貯金ができたら帰る「出稼ぎ移民」

が多かった。移民は一四県から七九一人が集まったが、半数に近い三二四人は沖縄県出身で、鹿児島県の一七二人が続いた。募集要項では、移民一人につき一日一円二〇銭の純収益があり、一年間で一〇〇〇円以上が残ると謳われていた。しかし、実際には、困難の連続と窮状のみで、天候不順でコーヒーは不作、移民会社に騙されたとの訴えが相次ぎ、農場主ともトラブルになり、逃亡者も相次いで、五七七人中残ったのは四〇人にすぎなかったという。[40]

移民をめぐっては、政府の支援策も重要である。そのため、政府としても、大正末期から昭和にかけて、「海外移住組合法」を制定し、ブラジル移民に対して旅費全額と移民会社手数料を負担するようになり、現地事業組織が土地を購入して分譲することにした。アマゾン川流域への入植もはじめ、移民の金銭負担やリスクも減少して、ようやくブラジル移民も成熟期を迎えた。

夫婦同氏・婚外子・再婚禁止期間をめぐる最高裁判決や法改正の動向

最高裁大法廷は、二〇一五（平成二七）年一二月一六日、一〇対五で、民法七五〇条の規定は憲法一三条、一四条、二四条に違反しないと判断した。すなわち、氏は、個人の呼称にとどまらず、家族の呼称としての意義があるので現行法下での氏の性質等に鑑みると、婚姻の際に「氏の変更を強制されない自由」が憲法一三条の人格権の一内容であるとは言えず、夫婦同氏の規定は憲法一三条に違反しない。九六％以上の夫婦が夫の氏を称する婚姻を選択していても、自由な選択の結果であり、性別に基づく法的な差別的な取り扱いを定めているわけではなく、夫婦同氏制それ自体に男女間の形式的な不平等が存在するわけでなく、憲法一四条一項に反しない。憲法二四条一項についても、仮に、婚姻及び家族の法制度の内容に意に沿わないという理由で婚姻しないことを選択した者がいるとしても、憲法二四条一項の趣旨に沿わない制約を課したと評価することはできない。憲法二四条の適合性審査においては、当該規定が個人の尊厳や両性の本質的平等の要請に照らして合理性を欠き、国会の立法裁量の範囲を超えているかどうかで判断すべきところ、民法では、家族を自然的かつ基礎的な集団単位とみ、呼称を同一にすることには合理性が認められる。家族を構成する個人が、同一の氏を称することにより家族という一個の集団を構成する一員であることを実感できることに意義を見出す考え方も理解でき、夫婦同氏制は憲法二四条にも違反しない。婚姻によって氏を改めることで、アイデンティティーの喪失感を招いたり、婚姻前の氏を使用する中で個人の社会的信用、評価、名誉感情等を維持することが困難になったり不利益を受ける場合があることも否定できないことは認めつつも、夫の氏を称する夫婦が圧倒的多数を占めており、婚姻前の氏を使用できない種々の不利益は、通称使用が広まることで一定程度緩和しうるものであると判示した。[41]

また、最高裁判所は、二〇一三（平成二五）年九月四日に大法廷を開いて、一四名の全員一致で民法九〇〇条四号ただし書の規定を違憲と判断した。すなわち、家族が多様化し、国民の意識も大きく変化しており、国内でも婚外子差別が住民票・戸籍の続柄記載でも差別的取り扱いが解消され、国籍差別も改められ、かつ女性差別撤廃委員会、児童の権利委員会、社会権規約委員会、自由権規約委員会などからも再三にわたり勧告を受けている。また、海外でも婚外子相続分差別が撤廃されており、子どもには出生になんら責任はなく選ぶこともできないことから、法律婚を尊重保護するという立法目的を達成する手段として、相続分を嫡出子と嫡出でない子とで二分の一とすることに合理性はないと判断した。[42] しかし、相続や遺産分割の安定性を考慮して、二〇〇一（平成一三）年以降の相続ですでに決着をみているケースでは違憲無効とされず、問題の解決が図られていないケースのみが違憲判断の事実上の拘束力を受けると判示した。[43]

このようにして、二〇一四（平成二六）年一二月に、婚外子の相続分の差別を定める規定を削除する民法の一部改正が成立した。

しかしながら、出生届で嫡出子、嫡出でない子を必要的記載事項とする戸籍法四九条の改正は、自民党法務部会で、法律上の配偶者や婚内子の保護に欠けないかとの理由で見送られた。そのために、二〇一四（平成二六）年一月に、法律婚尊重のため相続法制検討ワーキングチームが立ち上がり、二〇一五（平成二七）年二月には相続分の加算等相続法改正の論点整理のための報告書が公表された。[44]その後、法務省法制審議会民法（相続関係）部会が立ち上げられ、二〇一八（平成三〇）年三月に要綱案が閣議決定され、配偶者居住権、相続人以外の特別寄与料などの新設、遺産分割、遺留分、自筆証書遺言などの見直しがなされ、二〇一八（平成三〇）年六月、相続法の民法改正が成立した。[45]

さらに、最高裁大法廷は、二〇一五（平成二七）年一二月一六日、民法七三三条の規定の立法目的は、父性推定の重複を回避し父子関係をめぐる紛争を未然に防止することにあり、立法目的に合理性があること、嫡出子について出産の時期を起点とする明確で画一的な基準から父性を推定し、父子関係を早期に定めてこの身分関係の法的安定性を図る仕組みを設けた趣旨に鑑みれば、父性推定の重複する一〇〇日について再婚を制約することに合理性があると判示した。しかし、科学技術や医療の発達した今日においては、婚姻の自由も十分尊重されるべきで、一〇〇日を超える部分について正当化することは困難であるとし、昭和二二年の民法改正以降の婚姻及び家族の実態の変化、医療及び科学技術の発達、一〇カ月の再婚禁止期間を定めていたドイツも一九九八年にこれを廃止し、フランスも二〇〇五年に廃止するなど世界でも廃止する国が多いことから、父性推定が重複しない一〇〇日を超える部分については、憲法二四条二項に違反すると判示した。[46]しかし、立法不作為の国家賠償については認められないとした。

二〇一六（平成二八）年六月にようやく、離婚した女性の再婚禁止期間を六カ月から一〇〇日に短縮する民法の改正が成立した。離婚時に妊娠していないことの医師の証明書があれば、離婚から一〇〇日以内であっても、直ちに再婚ができる規定も挿入された。ただし、補足意見にもあったように、再婚禁止期間自体が女性の婚姻する基本的な権利を侵害しているとの意見も強く、三年をめどに再検討するよう附則が定められている。

しかし、今後の課題としては、国連の女性差別撤廃委員会からの勧告にもあるように、ＤＮＡ鑑定など科学技術の進歩、離婚・再婚の増加など社会状況の大きな変化を受けて、そもそも一〇〇日の再婚禁止期間を残すことにどれだけ意味があるかも問われなければならない。離婚後三〇〇日以内に子が生まれた場合は前夫の子と推定する民法の規定も含めて、親子関係の成立をめぐるルールの見直しが急務だと言わなければならない。

おわりに

以上の検討から、明治以降の日本の近代化に伴う家族の変容や法制度の整備とキリスト教の関係で特徴的な点をまとめてみることにする。

第一に、明治期における法形成でのキリスト教思想やキリスト教の家族思想がどれだけの影響を与えたかという点については、ある程度の影響力を行使したという程度のことしか言えない。もちろん、民法典編纂過程で西欧法が継受されたこともあって、明治期初期の家族観の中に、西欧の家族思想を導入するについて影響力のあったのはキリスト教であった。しかし、残念ながら、キリスト教の影響力は、主として都市の中流以上の家庭やインテリ層にとどまった。明治年間を通じて、キリスト教信者となったのは、プロテスタントは下級武士や都市のインテリに多く、村落の共同体など地方ではかなり限定的であった。[47]

第二に、明治期のキリスト教徒の増加についても指摘しなければならない。例えば、一八六八（明治元）年の新島襄による同志社の設立、一八七〇（明治三）年のアメリカ人宣教師のギダーがフェリス女学院を横浜に開くなど、各地でミッション・スクールの開設が相次いだ。一八七三（明治六）年には、維新政府がキリシタン禁制の高札を撤去して以来、欧化政策の風潮に乗って、キリスト教徒も急激に増加した。一八八〇（明治一三）年には、邦訳の新約聖書が作成され、一八八六（明治一九）年には旧約聖書の邦訳が完成した。ついで、日本基督教会が独立し、キリスト教の布教活動の結果、キリスト教徒は、一八七九（明治一二）年には三〇〇〇人足らずだったのが、その後の一〇年間で一〇万人にも達した。

第三に、キリスト教的な女子教育や婦人運動の盛り上がりとその限界についても指摘することができる。ミッション・スクールでの子女教育の広がりに伴い、各地のミッション・スクールでのキリスト教に基づく欧米の家族思想・婚姻観などが教えられ、中流以上のインテリ層の子女の間では、キリスト教の影響は大きかった。例えば、東京婦人矯風会の政府に対する建白は、団体的規制から無縁で、個人としての自立を志向する人々からなされたものであった。一八八六（明治一九）年、万国婦人矯風会遊説員レビット夫人の勧めで、東京婦人矯風会が矢島楫子（やじまかじこ）を会長として発足した。一八八九（明治二二）年には、東京婦人矯風会は、わが国の妻妾制が妻を冷遇し、一家に混乱をもたらし、児童の円満な発達を妨げるなどの弊害が大きく、妻妾制を廃止し離婚原因の不平等を解消することを求め一夫一婦制への要求をした。しかし、残念ながら、矯風会の婦人改良論は、キリスト教徒以外の社会にはあまり大きな影響力を持たなかった。[48]

第四に、ボアソナード民法草案にみられた婚姻思想・家族思想についても再確認する必要がある。すでに述べたように、ボアソナードは、一八七三（明治六）年に明治政府から法典編纂のために招聘され、二一年四カ月にわたって日本に滞在して、近代的な法典編纂と法学教育に従事した。[49]ボアソナードは、従来のフランス民法典の直訳や丸写しではなく、日本の国情や慣習に配慮しつつ、第一次民法草案（一八八八年）・旧民法（一八九〇年）での遺産相続の法定相続分の平等を説いた。すなわち、婚外子であっても、戸主以外の家族の相続に関しては、法定相続分を平等とした。その理由は、父母の不行跡や不道徳の責任を子どもに背負わせるべきではないことであった。ここにも、キリスト教的な啓蒙主義的自然法思想・天賦人権思想が背景にみてとれる。

また、ボアソナードの親権の義務性の強調についても特筆できる。つまり、ボアソナードは「親権は父母の利益の下に与えられたものでなく、子の教育のために与えられたもので、一切の権利は子に属し、父母はその義務を有するにすぎない」と親権の義務性や子どもの権利の優位性を説いた。[50]

旧民法の人事編も、日本の伝統や封建的家父長制的慣行を配慮しつつ、婚姻の契約宣言、一夫一婦制、夫婦同氏制の確立など、自由主義的進歩的な色彩も有していた。人事編の冒頭には、婚姻の規定が置かれ、戸主の規定は末尾に近いところに置かれた。封建的な家父長制を認めながら、婚姻無効の取消権を親に与えたものの、戸主には認めず、居所指定権も戸主に付与せず、戸主による家族の統制権を制限した。親族・姻族に優先して、配偶者を家族と規定するとか、婚姻の父母の許諾を必要としつつ、儀式前の申し出を置くなど、近代的自由主義的な婚姻・家族思想を取り入れていた。

第五に、「民法典論争」では、当時の政治状況も反映して断行派と施行延期派が激しく争ったが、日本の伝統・文化対キリスト教の自由・平等思想との対決という側面も有していた。旧民法の施行延期派は、提案されている民法は、男女が情愛だけで同居するキリスト教国の風俗で、日本の宗教を混乱させ、家制度の伝統を破壊するものだと盛んに攻撃をした。今も繰り返される「平成の民法典論争」として、一九九六（平成八）年二月に、法制審議会が答申した夫婦別氏選択制、婚外子相続分差別撤廃、再婚禁止期間の短縮、離婚の破綻主義化などの民法改正案については、当時の与党自民党から「伝統的な家族制度が崩壊する」「極端な個人主義が横行する」などと反対が起こり、国会への改正案提出が見送られた。明治の当時の状況とほぼ変わらない。

最後に、家族法改正に向けた課題とキリスト教の役割について指摘しておきたい。欧米の先進国では、家族を支える法制度や社会的支援の充実、国家の政策形成に関して、キリスト教団体やクリスチャンが積極的かつ重要な役割を果たしてきた。妊娠中絶や同性婚の可否、児童虐待・ＤＶ・ストーカー、子どもの貧困対策など、重要な政策課題について発言をし、政策形成に多大の影響を与えてきている。

しかし、明治一五〇年を振り返って、日本のキリスト教は、家族や子どもをめぐる問題で一定の役割を果たし、影響力を持ってはきたかも知れないが、あくまで限定的であり抑制的であった。今日、日本のキリスト教団体や教会も、キリスト者も、子どもの権利や家族の支援については、慈善・福祉・教育事業という側面だけでなく、法整備や社会的支援のあり方、限られたリソースの配分についても、もっと積極的な発言をしていくことが求められているのではなかろうか。

注

（１）内閣官房「明治１５０年」関連施策推進室ホームページ（https://www.kantei.go.jp/jp/singi/meiji150/）参照。

（２）内閣官房「明治150年」関連施策推進室ポータルサイト（https://www.kantei.go.jp/jp/singi/meiji150/portal/）。

（３）氣賀健生「明治初期におけるプロテスタント・キリスト教の受容と政治権力」『ウェスレー・メソジスト研究』三号七一―七二頁（日本ウェスレー・メソジスト学会、二〇〇二年）参照。

（４）樫見由美子「明治期における法典編纂事業と条約改正について――民法を中心として」『法政理論』四六巻三号一一七頁以下（二〇一四年）参照。依田精一『家族思想と家族法の歴史』二二頁以下（吉川弘文館、二〇〇四年）に詳しい。

（５）樫見・前掲論文一二〇―一二一頁参照。岡孝「日本における民法典編纂の意義と今後の課題」三七頁（dspace.lib.niigata-u.ac.jp/dspace/bitstream/.../1/8_37-48.pdf）。

（６）宮川澄「旧民法と明治民法（三）」『立教経済学研究』一六巻一号一一八頁（一九六二年）。なお、穂積陳重『法窓夜話』二一〇頁（岩波文庫、一九八〇年）。

（７）岡・前掲論文三七頁参照。樫見・前掲論文一二八頁、川口由彦『日本近代法制史』二四七―二四九頁（新世社、一九九八年）。有地亨「旧民法の編纂過程にあらわれた諸草案――旧民法とフランス民法との比較検討の準備作業として」『法政研究』三九巻二―四号三七二頁以下（一九七三年）に詳しい。

（８）樫見・前掲論文一三〇頁、依田・前掲書二六頁以下参照。

（９）樫見・前掲論文一三一―一三四頁参照。岡孝「明治民法起草過程における外国法の影響」東洋大学国際哲学研究センター別冊『〈法〉の移転と変容』一九―二二頁（二〇一四年）参照。

（10）川島武宜『日本社会の家族的構成』七七頁以下（日本評論社、一九五〇年）や同『イデオロギーとしての家族制度』八八頁以下（岩波書店、一九五七年）では、孝、すなわち親に対する子の恭順・服従の義務がわが国儒教道徳の基礎であり、また家族道徳の基礎にあり、規範意識として大きな影響力・支配力を有していることを説く。

(11) 原田慶吉『日本民法典の史的素描』一三五―一三七頁（創文社、一九五四年）。
(12) 明治民法の家族法の性格については、浅古弘ほか編『日本法制史』（小柳春一郎執筆）三一四―三一五頁（青林書院、二〇一〇年）参照。
(13) 利谷信義『家族と国家――家族を動かす法・政策・思想』六九―七〇頁（筑摩書房、一九八七年）。
(14) 井戸田博史『家族の法と歴史――氏・戸籍・祖先祭祀』七一頁（世界思想社、一九九三年）。
(15) 井戸田・前掲書七四―七五頁参照。明治以降の氏の変遷については、井戸田博史『氏と名と族称――その法史学的研究』一頁以下（法律文化社、二〇〇三年）に詳しい。
(16) 中川善之助「福沢諭吉と身分法」『家族法研究の諸問題』四七頁（勁草書房、一九六九年）。
(17) 井戸田・前掲書八三頁参照。
(18) 井戸田・前掲書八七頁参照。
(19) 井戸田・前掲書八六頁参照。
(20) 井戸田・前掲書八八頁参照。
(21) 唄孝一『戦後改革と家族法――家・氏・戸籍』一四七―二一七頁（日本評論社、一九九二年）に詳しい。
(22) 有地・前掲論文二九二頁参照。
(23) 二宮周平「婚外子の相続分差別を問う」『今こそ変えよう家族法――婚外子差別と選択的夫婦別姓を考える』二頁（日本加除出版、二〇一一年）。
(24) 『民法修正案理由書』二六九―二七〇頁（博文館、一八九八年）参照。
(25) 二宮・前掲論文六頁参照。
(26) 座談会「改正民法の成立するまで（その1）」（奥野健一発言）『法律時報』二六巻三号二五五頁（日本評論社、一九五四年）参照。
(27) 湯沢雍彦『家庭内ジェンダーの原点　明治の結婚　明治の離婚』四二頁（角川書店、二〇〇五年）参照。

(28) 湯沢・前掲書四六頁。
(29) 湯沢・前掲書四七頁。
(30) 湯沢・前掲書八八頁。
(31) 湯沢・前掲書九三頁。
(32) 湯沢・前掲書九六―一〇一頁参照。
(33) 湯沢雍彦『大正期の家族問題――自由と抑圧に生きた人びと』二頁以下（ミネルヴァ書房、二〇一〇年）参照。
(34) 二宮周平『事実婚の現代的課題』二頁（日本評論社、一九九九年）参照。
(35) 二宮・前掲書五頁参照。
(36) 湯沢・注(33)前掲書一七一頁。
(37) 湯沢雍彦『昭和前期の家族問題――１９２６～４５年、格差・病・戦争と闘った人びと』二一―一二頁（ミネルヴァ書房、二〇一一年）。
(38) 湯沢・前掲書三二―三三頁。
(39) 湯沢・前掲書二〇二―二〇三頁。
(40) 湯沢・前掲書二〇五頁。
(41) 最大判平成二七・一二・一六、民集六九巻八号、二五八六頁。
(42) 最大決平成二五・九・四、民集六七巻六号、一三二〇頁。
(43) 棚村政行「婚外子相続分差別違憲決定」『自由と正義』六五巻一号九七―一〇六頁（二〇一四年）に詳しい。
(44) 法務省「相続法制検討ワーキングチーム報告書」（二〇一五年一月）(http://www.moj.go.jp/shingi1/shingi04900197.html)。

（45） 政府広報オンライン（www.gov-online.go.jp/useful/article/201809/1.html）。新しい改正相続法については、堂園幹一郎・野口宣大『一問一答新しい相続法――平成三〇年民法等（相続法）改正、遺言書保管法の解説』一頁以下（商事法務、二〇一九年）参照。

（46） 最大判平成二七・一二・一六、民集六九巻八号、二四二七頁。

（47） 有地・前注（7）所掲論文一〇七頁参照。なお、士族階級とキリスト教の受容については、盛岡清美「明治前期における士族とキリスト教」『淑徳大学社会学部研究紀要』三八号一二五頁以下（二〇〇四年）に詳しい。

（48） 有地亨『近代日本の家族観〈明治篇〉』六〇頁（弘文堂、一九七七年）参照。

（49） ボアソナードについては、大久保泰甫『ボワソナアド――日本近代法の父』（岩波新書、一九七七年）参照。

（50） 棚村政行『子どもと法』二四頁（日本加除出版、二〇一二年）。なお、小口恵巳子「旧民法編纂過程における懲戒権の生成過程とフランス民法受容」『お茶の水女子大学人文科学研究』第四巻一八五頁（二〇〇八年）参照。

参考文献

有地亨「近代日本における民衆の家族観」『家族　政策と法7　近代日本の家族観』五三―一三八頁（東京大学出版会、一九七六年）

大久保泰甫「明治日本の『法整備事業』とボワソナード」『日本法の国際的文脈』六七―八五頁（早稲田大学比較法研究所、二〇〇五年）

樫見由美子「明治期における法典編纂事業と条約改正について」『法政理論』四六巻三号一〇六―一三九頁（二〇一四年）

高橋朋子・床谷文雄・棚村政行『民法７　親族・相続（第５版）』（有斐閣、二〇一七年）等
水野紀子「日本家族法――フランス法の視点から」『日本法の中の外国法』九九―一三四頁（早稲田大学比較法研究所、二〇一四年）
湯沢雍彦『家族内ジエンダーの原点　明治の結婚　明治の離婚』七―二五一頁（角川書店、二〇〇五年）
湯沢雍彦『昭和前期の家族問題――１９２６～４５年、格差・病・戦争と闘った人びと』一―三八六頁（ミネルヴァ書房、二〇一一年）
湯沢雍彦『大正期の家族問題――自由と抑圧に生きた人びと』二―二五六頁（ミネルヴァ書房、二〇一〇年）

第3章

社会改革的キリスト教の挑戦

――賀川豊彦の場合

金井新二

世界的趨勢としての社会改革的キリスト教

まず初めに、賀川豊彦のような社会改革的キリスト教というものがどういう由来で発生したか、という問題について考えたいと思います。この社会改革的キリスト教というのは日本の賀川さんだけではありませんで、世界中でこういうタイプのキリスト教が――社会主義的なキリスト教と言われたりキリスト教社会主義と言われたりするのですが――生じるわけです。その内容は、ひと口に言えばキリスト教的なヒューマニズムなんですね。

一九世紀末、世界的に近代の資本主義が立ち上がり、ヨーロッパでも農地が潰されて工場が建ちました。それまではほとんどの人たちは、労働者というと、実は農民だったんです。日本でもそうでした。ところが工場がどんどん建つようになって、その工場で働くようになりました。そこに最初の社会問題が起こるんですが、それが労働問題です。あまりに労働が激しくキツイ、ということです。

それでヨーロッパの牧師さんたちは、カトリックもプロテスタントも同じですが、最近どうもあそこの家族が礼拝に来なくなった、ということがしばしば起こったんですね。それでいろいろ聞いてみると最近、近くでできた工場で働いてるらしいと。それで教会に来なくなるのか、ということで、いろいろ調べて訪問したりしてみますと、大体は工場労働によって大変な家庭崩壊の中にあったわけです。工場労働が非常に長時間ですし大変クタクタになって旦那さんが帰ってくるわけですね、それでお酒を飲む、奥さんを殴る。例えばですが、そういうことが頻発いたしました。

そこで多くの牧師さんたちが立ち上がったんですね。そして「この労働条件はひどすぎる」と、もうちょっと人間として扱って人間的な労働環境を作ってほしい、ということで立ち上がったものが、最初のヨーロッパの労働運動であります。ですからこれはキリスト教の牧師さんたち、あるいは神父さんたちが立ち上がったということです。なぜ立ち上がったかというと人間的な扱いをしていないからです。ですからこれは、先ほどキリスト教的ヒューマニズムと言いましたけども、そういう精神で起こってきたが、キリスト教的な社会運動、労働運動になっていったわけです。

そして日本では友愛会という、労働運動の最初のかたちが生まれる。これが賀川さんが最初に参加した日本の労働運動であります。ところが、その後に共産主義が出てまいりまして、この友愛会というのは「実に生温い運動だ」というふうに批判いたしました。「これでは革命を起こせない、もっと戦闘的にやらなきゃダメだ」、もっと科学的に革命の必然性を理論的に把握して、そうして組織的に戦わなければいけない。これがロシアのモスクワに本部を持つ国際共産主義運動でありました。

それで日本でも、――これは各国同じですけれども――どんどんキリスト教的な社会主義が追い出されまして、そして賀川さんなんかも演壇に上ると、もうヤジが激しくて話ができないというのです。ヤジをしてる人は共産主義者なんです。共産主義者から見ると実に生ぬるい考え方でやってる、ということで批判したわけです。そこで、賀川さんとその仲間はもうやっていけなくなりました。そして「それでは自分たちは協同組合を作ろう」と言って協同組合のほうに入っていったわけです。

そういうことで国際的にキリスト教と結びついた労働運動というものが最初世界中に起こり、アメリカでも社会福音というようなものが起こった。フランスでもドイツでもスイスでも同じように起こったわけです。スイスが特に盛んでありましたが、そういうキリスト教的なヒューマニズムの社会運動ですね、「キリスト教社会主義」と言われました。そういうものがまずあったんです。

そして、今お話ししたような事情で共産主義によって、「追い出される」といいますか、できなくなって、そうして賀川さんの場合は協同組合の運動に入っていった。これは、わたしたちはいつも言うんですけども「実に正解だった」ということです。この、労働運動をやめて協同組合に移っていったということは、正解だったと思うのです。現在皆さんもご存知と思いますけれども、協同組合と労働運動や労働組合と、規模を比べてみてください、もう問題にならないくらい協同組合の方が大きくなっている。現在はこの運動が巨大化しております。労働運動のほうはだいたい企業・大企業の方針に沿った労働運動が、その大企業の中で守られて細々とやっております。だからもう革命とか資本主義をぶっ壊せとか、そういうことは全然言わないです、言えなくなりました。ですから、歴史の流れを感じるんですけれども。賀川さんたちは「やっぱり、よかった」と、あの時労働組合をやめて協同組合に移ったのはよかった、というふうに思うんです。

賀川豊彦の世界的評価

何かちょっと自慢話から始めるみたいなんで恐縮なんですが、賀川豊彦という人は世界的に評価されてきたんです。戦前、海外で最も知られた日本人、世界的に有名な人でした。海外では現代の三大聖人の一人として、ガンジー、シュヴァイツァー、カガワと言われたんです。このそれぞれは、皆さんご存知ですよね。ところが若い人は知らないんです、このガンジー、シュヴァイツァーといってもね。カガワも知らない、だからみんな説明しなきゃいけないんです。三人の世界的な聖人が居るというふうに言われ、アメリカのワシントン大聖堂には賀川豊彦の等身像が安置されております。そしてまたロサンゼルスには賀川ストリートという道路があります。

つい二、三日前ですが、ロサンゼルス大聖堂に行ってきた人が私たちの賀川豊彦記念松沢資料館に来まして「自分は見てきました、よーく見てきました」というのです。写真も写してきました。何とキリスト教の偉人・聖人四人の立像があって、一人はパウロ、もう一人はアウグスティヌス、それから賀川豊彦(笑)、何かすごいですね、それからマーティン・ルーサー・キング——アメリカですからね——この四人が並べられてるというんです。わたしもちょっと驚きました、そういう話は初めて聞きましたので。まあそれは一つのエピソードですけど、アメリカではそういうふうに立像・彫像が立てられるほど賀川さんが尊敬されたということをお話ししているわけですが。

それで、彼は戦後ノーベル文学賞候補に二回、平和賞候補に三回なりました。これは割と皆さんご存知ない方も多いと思うんです。ノーベル文学賞は彼の最初の小説『死線を越えて』が対象です。これが日本で初めてのミリオンセラー、一〇〇万部以上売れた本になったんです。平和賞候補には三回なったんですが、このいずれも、ただ「候補者になった」というだけで終わったのは大変残念です。もしかして、賀川さんがこのノーベル賞のどちらかの、文学賞か平和賞かのどちらかをもらっていたら、日本で最初のノーベル賞です、時代的にいって。そしたら今の、今の現在の小学生たちもみんな知ってます、賀川の名前を。教科書に出てきますから。だから残念だったんですよ(笑)、もらわなかったのは。

評論家の大宅壮一という人がおりましたが、彼が言ってます。「明治大正昭和に三代を通じて日本民族に最も大きな影響を与えた人物ベスト一〇を選んだ場合、その中に必ず入るのは賀川豊彦である」。ベスト一〇、いや、ベスト三に入るかも知れないと言っているんです。つまり近代の日本を作ったリーダーですね、日本人のリーダー。その中の一〇人の、一〇本の指には必ず賀川は入るべきだ、入るだろうと。三人の中に入るかも知れない、これほどの評価を与える評論家がいたということです。

幼少期の原体験

賀川さんは一八八八年、明治二一年の生まれで、神戸で妾の子として生まれました。四歳の時父が亡くなり続いて母も亡くなる、ということで賀川さんの幼年期、少年期は大変寂しい少年時代でした。

今はあまり妾の子という言葉は使いませんけれども。当時は妾の子というのはやっぱり小学校などで一つの、格好のからかい、からかう題材になったっていうことでしょうね。妾の子・妾の子と言われて「つらかった」と言っています。そしてお父さんが亡くなった後は、本妻――彼は妾の子ですから、本妻がいるんですよね、本妻のほうにも子どもがいます――のほうに引き取られて育てられた、それが非常につらい経験だった、と。つまり自分たちは妾の子で、本妻の子は別にちゃんといて、そして食事をするときも、段が違うっていうんですよね。まあ差別ですね。やっぱりこの妾の子という体験が彼の最初の、人生体験の中の最初の「忘れられない体験」であって、これがのちの賀川豊彦につながってくんじゃないかな、というふうにわたしは思うんです。つまり社会の中で弱い人々のために自分は戦いたい、とか、より多く苦しんでる人たちのために自分たちは運動をする、とか、そういうことがやっぱり賀川さんは妾の子としていじめられたという、そういうところに発しているというふうに感じます。

徳島中学時代ですが、英語の勉強がキッカケで宣教師マヤス・ローガンと出会います。アメリカの宣教師に出会って家庭の温かさに触れ、一五歳のときキリスト教の洗礼を受けました。賀川さんはそれを述懐してますが、その時自分は聖書の勉強よりも、その家庭の温かさっていうものを初めて見また体験して、そうして自分はそのことを忘れられなかった、と。ですから、今さっき申しましたように、非常に寂しい境涯でありましたから、余計その宣教師の家庭が、お父さんとお母さんと子どもたちのいる家庭が、温かい素晴らしいものに思えたんでしょうね。それで洗礼を受けた、ということになります。

明治学院時代、猛勉ぶりは有名で、図書館の本をすべて読もうと決心した。無謀なことですよね。当時のよく読まれた小説である、阿部次郎の『三太郎の日記』という書物の中で、三太郎がやっぱりこういう「不可能な勉強計画を立つ」という言葉が出てくるんです。

わたくしが思いますに、この三太郎もそうですが、賀川さんは大正デモクラシーというか、大正時代の精神という空気を吸って育っている。「大正理想主義」という言葉もあります。つまりあの大正時代という一五年間の短い時代。前後は、戦争に挟まれたその一五年間だけ、少しだけ日本の青年たちがこの理想主義、理想主義的な夢を持つことができた時代、というふうに言うことができるでしょう。

徳島中学時代の賀川。前列右端

ですから結局、賀川さんの人生、実践したことがらすべてはその、大正理想主義の実践なんですよ。それを——阿部次郎もそうですけども——賀川豊彦もそういう大正の理想主義を生きたのです。賀川さんの場合は、もう一つはキリスト教です。キリスト教とこの大正時代の理想主義的な精神。これが結合したものだろうというふうにわたくしは考えております。

神戸の当時の貧民街、葺合新川

子どもたちと一緒の賀川

賀川豊彦はこの頃からもう非常な秀才ぶりといいますか、異常なほどの勉強家でした。それで宣教師たちはこの少年に非常に期待をかけたんですね。そうして神戸に神学校ができまして「神戸に移りなさい」ということで賀川さんは明治学院から神戸に移ってきます。ところが、結核で喀血をするんです。死の宣告を受けます、喀血だけではなくお医者さんから死の宣告を受ける。そこで絶望のどん底にいきなり叩き落とされるわけです。

しかしその年、一九〇九（明治四二）年ですが、一二月のクリスマスの日に神戸の貧民街、神戸の新川スラム、当時の言葉では貧民窟ですね、スラム街に住所を移すんです。これは結核ですから学校の寮にいることが許されなかったからです。わたしが思うに、これはやっぱり賀川さんが当時絶望して、そして自分の死に場所を求めた、ということだろうと思います。

そこで貧民街に移って、伝道、無料給飯、無料宿泊所、病者保護など、ありとあらゆるボランティア的な仕事を始めたんです。そして芝ハルという女性が手伝いに来てくれて、そこで知り合って結婚するに至りました。ハルさんは賀川さん

芝ハルと子どもたち

よりも大分長命で、生き残っていろいろな良いお仕事をなさいました。

死線をさまよう

この当時の日記がありまして、明治四二年一月二〇日のところに、「肺病患者排斥運動起こる。家を探すべく命ぜられんとす」と書いてあります。これは寮に住んでたところが、そこから「肺病患者は出て行け」ということです。これはまあしょうがないでしょう。

一月二三日、「西洋医者ダニスコムは、やっぱり全快でないと言うた。自殺がしたい。自殺」と書いてます。この病気は自分が小さいときからの病気で、「もう治っている」というふうなことを言ったんだと思うんです。いい加減なことを言ったんですね。ところがもうとんでもない、全快ではないよ、と言われたっていうことです。一月二四日「自殺と忍耐で一日送る」。もう自殺したくてしょうがなかった、自殺の誘惑に駆られた、ということでしょう。

少し飛びますが、四月一一日。「哀史だ。哀史だ。狂気か、自殺か。キリスト教など言っても嘘だ。経済の上に何の権威もない。ああ、あくまで圧迫せられた此の子。泣く泣く、この弱き身体を保たんがために」と書いてます。ここに、「キリスト教など言っても嘘だ」という言葉が出てくるのは、意味がよく分かりません。この「経済の上に何の権威もない」というのは、おそらく寮費の滞納じゃないかと思うんですね。賀川さんの寮費は、教会が払ってたんです、宣教師たちが払い込んでくれたんです。何かの具合でそれが滞納していてちょっとこじれた。賀川さんとしては何か裏切られた気持ちがしたのかも知れません、細かいことは分かりません。ともかく、「キリスト教など言っても嘘だ」と言ってます。

新川スラムにて

それから、新川の貧民街で作ったのが、彼の詩集『涙の二等分』。賀川さんという人は、とてもネーミングが上手い人なんですよ。とても良い名前をつけます。この詩集の『涙の二等分』というのも、大変美しい言葉ですね。これは実は、預かって面倒を見ていた赤ん坊が死んだんです、死んだと思ったんです。そして自分の目に溢れてきた涙をその赤ん坊の目につけてやった。これが涙の二等分という意味なんです、そういう由来があるのです。

そこで彼が作った詩を二つばかり、断片ですがお読みします。

薄命（肺を病みて）

夢も結ばず、
熱もさめず、
唯思ふ――
わが生命の
夢と浮ぶを。

立ち上り
筆を求めて書く、
わが身薄命
神何をか
我に求むと。
筆は走らず、
思は　乱れて、
涙のみ　せく、
時に　夕陽の
憎く　笑ふ。
五歳の秋
父母に別れ
十六
兄を失つて
孤独！
身はイエスと
生きんとすれど、
貧しき者は

天国に遠し
肉は（あゝ）亡びぬ。
他に霊もらん、
器もなし、
眼をすえて、
自滅の最後、
笑んで　待つ

これはおそらく、スラムに移り住んだときの彼の心境です。何も、楽しいことも何もない。ただ死を待ってる。絶望、深い絶望の心持ちで死を待っている。

スラムの子どもたちとともに

次ですが、「涙の二等分」という詩の断片を読みます。

貰ひ子殺しの、
残しの、
干し損ねられた、
この梅干の実（さね）

腸カタルで、
四十五度の熱、
夏の夜短
世は静か、
近所の時計が、
一時なる、
そろそろ、
壁が、
しわたきをする――
　殺人犯の
有つた家――
天井がもの云ひ
柱がわめき
血を嘲つて、
床板が吠ゆ。
寂しいね、寂しいね。
『ああどうして、かうまあ
世は不人情なんだらう
私や、お石からみたら

地球は、まるで、
氷玉のやうなものだね……』

この最後のほうに出てきた、「私やお石から見たら」という、この「お石」というのは赤ん坊の名前なんです。それでその赤ん坊はこの、今のところの冒頭に出てくる「貰い子殺し」、貰い子殺しの赤ん坊なんです。つまり捨て子です。

これは珍しいことではないんです、この新川のスラムでは。もう育てられないから、そっと人知れず赤ん坊を置いていってしまうんです。そしてそこに、大体は何がしかのお金が添えてあって「よろしくお願いします」程度のことは書いてあるんでしょう。でこの新川の住民たちはこのお金が目的でありまして、赤ん坊はもう育てる意思はありません。だから大体この赤ん坊は死んでいくんです、だからこれを貰い子殺しと言ったんです。これ一種の殺人ですよね、消極的な殺人です。

それで、このお石という赤ちゃんも、女の子ですが、貰い子殺しの赤ん坊であった。それを彼はここで、青年豊彦はこの子を育てて一緒に生活しているという状況です。ですから、この貰い子殺しとかゆすりとか、何でもありの、そのようなスラムの生活なんです。その中で彼はいろいろなことを学び、そしてこれが彼にとってのまたとない準備期間といいましょうか、修行になったんだろうと思うんですが。

賀川は至るところでよく言ってます、スラムとか貧民窟といってましたが、「貧民窟の子どもっていうのは美しい」と言っているんです。おそらくこの子どもたちの笑顔が美しいと感じたんじゃないでしょうか。

アメリカ留学へ

さて、そのあと、賀川はアメリカの宣教師たちはこの賢い、頭のいい賀川青年を、ぜひとも自分たちの母校に留学させたかったんです。それでお金を工面し二年間留学いたしました。プリンストン大学それから神学校です。神学と自然科学を勉強しました。

この自然科学を勉強した、というところが、ちょっと、やはり珍しいことなんです。彼の最後の著作が『宇宙の目的』という本です、つまり宇宙論なんです。しかもこれは、わたしたちの仲間で誰が読んでもよく理解できないんです。これは何か「思想として書かれてる」と思うと、もうたくさんいろいろな数式が出てくるんです、だから、最新の、アインシュタインですとかニールス・ボーアとか、最新の理論をちゃんと読んで、それを利用して書いているということが分かります。

プリンストン大学にて（２列目右から３人目が賀川）

しかしどうも我々が凡庸であるためによく分からない。この二年ぐらい前に、これが英訳されました。その英訳したアメリカの神学者が日本に来られて、わたしたちといろいろな話をしました。彼が言うには、この本は、「芸術である」と。つまり彼の宇宙論というものは科学じゃない、科学とは言えない、と言うんですね。

科学だったら科学者が読んで、悪いとか良いとかって言えるわけでしょう。しかしそういうものでもない、独特のものだって言います。それで「芸術だと思う」というようなことを言って、彼も分かんなかったんですよね（笑）。読んで、翻訳したけど分かんなかったんです。そういうときは、そういうこと言うわけでしょう（笑）。でも本当に分からないんです、わたしたちが読んでも。そういうことで、アメリカに留学して彼は自然科学を一生懸命勉強したんです。

この前亡くなった聖路加病院の日野原重明院長さんが割と最近になって言われたことですが、こんな大きな内科学の原書、英語で書いた原書を見せて、「これは賀川先生がくださったんです」と言うんです。それもちょっと信じられないような話でしょう、内科学ですよ、専門書です。これが賀川豊彦なんですよ（笑）。こういうちょっとワケが分かんないところがありますね。そういう人なんです、不思議な人です。

さてアメリカに留学して、デモ行進に遭遇して、労働組合運動を知ったんです。賀川さんはアメリカに行ってからも、この新川スラムのことがやっぱり忘れられない。どうしたらあの人たちが一人前の社会人としてあのスラムから脱出してやっていけるんだろうか？　よく分からなかったんですね、どうやったらいいか。しかしこのとき彼はハタと膝を打った。アッこのように団結すればいいんだ、とデモを見て、思った。こうやって団結して行動すればいいんだと。しかしそのスラムの住民たちは団結してないですから難しいんですよ、そう言ってもね。企業に勤めてるわけでもなし、バラバラですからね。だから「団結する」って言うけどもこれはなかなかできませんでした。

江東消費組合設立

川崎三菱造船所大争議

労働運動から協同組合運動へ

それで賀川さんは帰ってくるとすぐ労働組合、労働運動を始めたんです。それが救貧活動から防貧活動へということです。一九一七年、帰国後、友愛会という我が国最初の労働組合の活動に参加する。一九二一年、神戸の川崎三菱造船所大争議を指導、勾留される。捕まりました。この労働組合に飛び込んだらすぐに彼はその先頭に立ってしまったんですね。その当時は参謀と言ってました。その運動の参謀になったのです。

ところが、初めに言いましたように、労働運動の指導権を急進派、マルキシストが握ったので、賀川らは退いたんです、労働運動をやっていけなくなりました。

それで、協同組合運動に重心を移す。これが良かった。そこで神戸や灘に購買組合を作り、関東大震災のときには若者たちを引き連れて、東京の本所にテントを張りました。救援活動ですね。船で横浜まで来て、横浜から本所に来たって言います。

それ以降賀川さんは東京で活動したんです。お住まいを今の世田谷の松沢に移された。それで戦後は神の国運動のメインスピーカーや国際平和協会、世界連邦運動などを推進しました。また内閣参与として戦後日本の再建に協力しました。そして社会党創立の、「社会党の産婆役」と言われたんです。今社会党はちょっと見る影もないですけど。

彼は実は内閣の首班になるように勧められたんです、戦後すぐ。GHQのマッカーサーもそれに賛成していました。何よりもアメリカの友人たちがそれを、ある意味で画策したと言いますか、推し進めたんです、「賀川を首相にしよう」と、戦後の最初の首相に。

しかし彼はさすがにこれは断っています。断って良かったと思いますね、わたくしは。もしそうしていれば、彼は命を狙われましたよ。そういうことが何回かありました。例えば、インドのガンジーはこの頃暗殺されてます。賀川さんはガンジーと対話して、そのことがいろいろ問題になったこともありました。それまでに賀川は三回ほど住所を移してます。ということは、身の危険を感じたからでしょう。要するに右翼ですよ、民族主義者っていうか、右翼が賀川さんを狙った。軍部も一度その計画を立てたと言われてます、賀川暗殺の計画です。だから首相にならなくて良かった、というふうにわたくしは思っております。

『死線を越えて』

『死線を越えて』は一九二〇年に出ましたが、一〇〇万部のベストセラーになりました。これは日本で初めてのことでした。一〇〇万部出た、つまりミリオンセラーでした。賀川さんの小説は、あんまり上手じゃありません。だからいわゆる文学者たちは「何だ、こんな小説は」という、そういう感じです。でも例えば大江健三郎はこう言いました「賀川さんの小説のように面白い小説はわたくしには書けない」。大江健三郎が文学的に書けないというよりも、この内容だから書けないということですよね。

賀川さんの小説はみんな結局「この社会をどういうふうに変えていくか」というテーマなんです。いろんな問題が社会にある、そこに、その解決のために自分たちの仲間が入っていく。すると、またいろんな問題が起こってしまう。だから、いつも、もうゴチャゴチャですよ。そういうのが彼の小説の内容なんですよ。だから読み方によっては実に面白いし、日本の社会で今どういうことが起こってるか、ということがよく分かるんです。

だから、「社会小説」というか、文学的なものではないんです。しかし『空中征服』とか『一粒の麦』とか『乳と蜜の流るゝ郷』とか、『涙の二等分』とか、名前がみないいんですね。みなよく売れました。それで、結局はこの『死線を越えて』という最初の小説で日本中で有名になったんですよね。しかもこれが世界的に翻訳されて、世界中がこれを知るようになるんです。だからそれによって賀川さんは世界的にその知名度が上がるわけです。だから賀川さんの小説はヘタですけども、この賀川さんには印税、大変な額の印税が入ってくるわけです。それで、そのお金を使って協同組合とか農民組合とか、ありとあらゆる運動をやったんです。

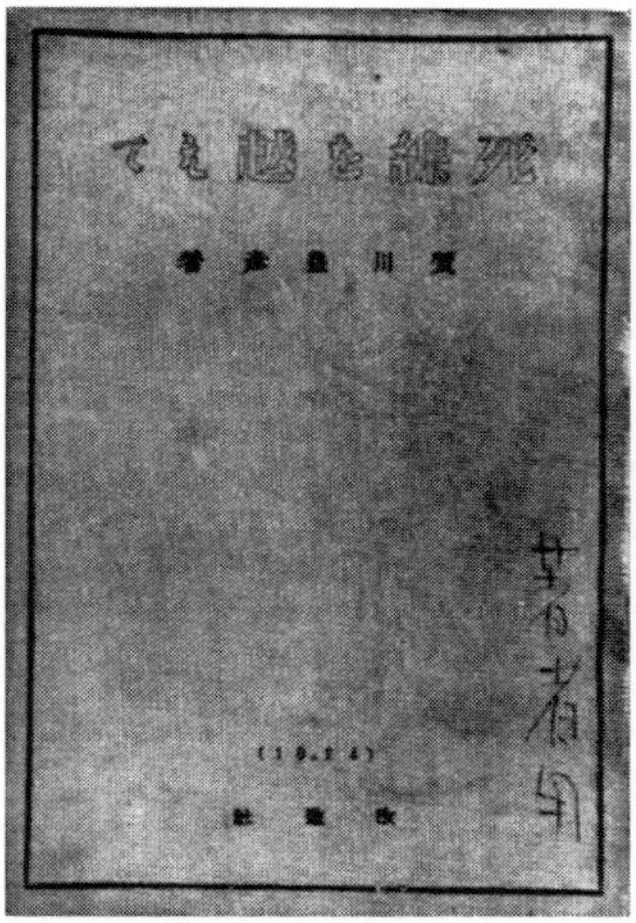

『死線を越えて』表紙

ですから、そういう意味では、賀川さんは自分でそんなに全部やったわけじゃなくて、いろんな人に「お前さんはこれをやりなさい、わたしはこれだけお金をあげる」こういう感じです。そのお金は彼の小説の印税であります。

賀川豊彦の信仰思想

まず、贖罪愛の信仰ということがあります。ちょっと賀川さんの言葉を読みます。「人間悪のどん底に沈殿して苦悩する罪ある人をも救おうとして、堕落した社会の真ん中に飛び込んでいって死ぬというのが、イエスの確立した救済宗教であったのだ」と。キリスト教っていうのはこういうものだ、という賀川さんの理解ですね。

これに反対の人はたくさんいます。キリスト教はそんなものではないですよ、とね。これは賀川さん的なキリスト教なんです、確かに。堕落した社会の真ん中に飛び込んでいって死ぬと、こういう気概ですね。このようなイエスの生き方そのものが、神の贖罪愛を表現していると。賀川豊彦の生涯も、一貫してこのことを現代社会の中で人々に伝えようとするものだった。ともかく賀川さんは。ここでわたくしがお話してるのは社会改革的なキリスト教ですから、社会改革的な。社会に問題があったらそれを「何とかしなきゃならない」っていう、そういうキリスト教なんです彼はね。

それから、良きサマリア人ほど、よく賀川豊彦の生涯を特徴づける言葉はありません。彼は現代日本に生きる良きサマリア人として、かたわらに倒れている人々の脇を素通りすることができない。それが彼の、隣人愛の実践者としての姿です。

賀川さんは当時日本の代表的な、いわばトップの伝道者でありました。いろんな組合活動だけじゃないんです、日本の教会の活動としても大変なリーダーシップを発揮したんですね。それが神の国運動であります。それから新日本建設キリスト運動。これはもう賀川さんのネームバリューは凄まじくてね、どこへ行ってももう超満員なんですよ。

しかしこのような伝道集会の盛況は、日本のキリスト教の盛況にはつながらなかった。二六万人と言われる伝道集会の決心者たちの多くは、全国各地の教会には残らなかったんですね。

つまりこれは、賀川さんに対して批判的な言い方になるかも知れませんが、いわば「一時的な熱気」ですね、それで終わった。で決心者の数は二六万人もいたというんですけれども、しかしその割には各地の教会にはその人たちが来ない。賀川さんがいなくなっちゃうと、皆いなくなっちゃうと、そういう状態だったんですね。

白紙に筆で描きながら講演をする賀川

ノルウェーで行われた賀川の野外講演会（1950年）

さて、それから諸宗教の相互理解というのがあります。これはちょっと当時のキリスト教のリーダーとしては珍しいかも知れません。つまり諸宗教に大変理解があるんです。で賀川はキリスト教以外の諸宗教にも心を開いていたと、そう言えると思いますね。ちょっと読んでみますと。「印度、支那、日本に数千年間生え茂った思想の森の中には、絶対至愛の穂木を接木するにふさわしい良樹もある」。その絶対至愛の穂木っていうのはキリスト教のことです。その絶対至愛の穂木を接木するにふさわしい良樹も世界中にはあると。この良樹というのは他の宗教のことです。

「環境と時相の紛乱に災いされて、少なからず混迷を続けていた霊の世界にも、深く味わってみると、宇宙連帯責任の意識にまで伸びあがりたいと悶えていた美しい努力の跡もあった」。これは世界の宗教を眺めてみるとそういう美しいものもあったんだ、とそういって一定の評価をしてます。キリスト教が助ければ本当の良い宗教になるんだ、というふうな考え方です。だからキリスト教がやっぱり第一なんですが、それにしては割と他宗教に対する理解があります。彼はよく仏典、仏教の書物を読んでました。だからそういう意味でも、この幅の広さといいますかね、そういうものもあったということですね。

賀川豊彦の社会実践

それから社会実践について触れたいと思います。一九一九年共益社購買組合、それから二二年農民組合、こういうものが最初の設立です。賀川さんは檄を飛ばして言いました。「日本の農民よ、団結せよ。而して田園に、山林に、天与の自由を呼吸せよ。我らは公儀の支配する世界を創造せんがために、ここに犠牲と熱愛とを捧げて窮乏農民の解放を期す」。この公儀の支配する世界というのは神様の教え、神様のことです。神様の支配する世界を創造するというのが、彼の運動の目的です。それから賀川豊彦は終生、山林と田畑との有機的循環による立体農業を説き各地で指導しました。賀川さんは自然科学の本を本当によく読んで、地質学でもそれから動物学でも、驚くほど知識がありました。そういう知識を工夫して駆使して

「農業っていうのは畑のものだけじゃない」と言ったんです。それを囲む山林、山ですね、山が健全でないと農業も健全でない、こういうふうな関連ですね。最近よく言われますよね、立体農業と彼は呼んだんですが、そういうものをしきりに言いました。

それから、いよいよ協同組合でありますが、賀川さんが考えていたことを、今の協同組合の人たちが聞きますと、やっぱり驚きます。ハアーと言って、自分たちはとてもそんなことは考えられませんという、まあそういう感じです。

どういうことかといいますと、資本主義、共産主義に代わる第三の道。これは大きな構えで、資本主義、共産主義それから第三は協同組合、協同組合主義というんです。まず資本主義の問題点はひと言で言うと、資本家による労働者の搾取である。つまり最近よく言われる言葉では「格差社会」ですよね。格差社会はどうしても直りませんね。それは、よりたくさんぶん取ってしまう人たちがいるからなんですよ、やっぱりね。だから他の人たちに回らなくなってしまう、貧困が生まれるっていうことでしょうね。それから共産主義にもやっぱり問題はあって、思想の自由を許さない、共産党の一党独裁。今まで世界中にいろんな共産主義があったと思いますが、共通してることは「共産党しか認めない」ということ、そういう考え方です。そうすると一党独裁になりますね、皆さんご存知の通りです。

協同組合による社会っていうのは、それに対してどうかっていうと、「モノではなく人格を第一とし、利潤追求を目的とせず」。利潤追求は第一の目的ではない、「互助による生活向上を目的とし」というんです。お互いを助け合って生活が向上する、これが我々の協同組合の目的です、というわけです。そして「搾取のない計画された経済を目指す」。

これを賀川さんは次のような標語としました。利益共楽、一人ひとりが利益を分かち合う。人格経済、

東京学生消費組合

東京医療利用組合

人間中心の経済社会。資本協同、皆が出資しあう。「みんなが資本家である」という考え方です。それから非搾取。搾取がなくなれば非格差社会が実現する。これは搾取しないということです。権力を分散し、人権を保障する。超政党、つまり特定政党に偏しない。教育中心、生活者としての意識向上を図る、これが教育の目的である。そういうことをしばしば彼は語って、それを実践しようとしたんです。

最後になりますが、彼はこう考えていました、協同組合が平和な世界をもたらす。そこに——彼の言葉ですが——非搾取と計画的な経済に基づく協同組合運動を広げ、国際化したら、わたしたちはやがて世界平和を実現することになるであろう、と。これは彼の固い信念だったと思います。だから今の世界は皆さんご存知のように戦争が絶えません。どっかで戦争してますね。そしてその戦争によって儲ける人たちは儲ける、ちゃんとそれで儲けてるわけですよね。そういう世界ですから。

どうしてその戦争がやまないか、というと、賀川さん的に言えば——まあ賀川さんはそうは言っていませんが——まだ協同組合の人口が小さすぎる、と。つまり今協同組合はどれだけの人が参加してるかというと、一〇億人です、世界で一〇億人。でも一〇億人じゃまだ戦争はやめられないんですよ。いま世界は七四億か何かですからね、四〇億人ぐらいが協同組合になってくると、おそらく戦争というこの選択肢が弱くなってくる。戦争をみんなが好まないという世界にだんだんなってくるんだ、とおそらく賀川さんならそう言うと思うんです。だから協同組合をみんなでやりましょう、そうするとやがて本当に平和な世界が来るんだということだと思います。

格差と不平等が蔓延する世界は必ず戦争へと向かう。格差とか不平等が至るところにあるような世界は必ず戦争へと向かう。現在まで世界の歴史はその繰り返しの歴史である。それを平和へと転換し得るのは平等性を創造する組織、平等性を創造する組織としての協同組合をベースとした世界だけである。そういうふうに賀川さんは考えていたようですね。賀川さんはこのことを実感として感じていた。でまだまだ、だから世界平和には至らないんだけれども「やがて必ずそうなる」というふうに彼は確信を持っていたようです。

最後に、賀川豊彦的キリスト教とは

一番目に、賀川豊彦はイエスに倣って良きサマリア人として歩むことを決意していた。そして小さきものや困ってる人々に手を差し伸べた。こう言えるでしょう。

二番目、教会がそのような社会実践の拠点となることを目指していた。賀川さん、自分の教会に協同組合を作りました、しかしこれは残念ながら上手くいかなかったんです。というのはその後何十年も経つうちに協同組合に反対の人が牧師になった、そういうことだって起こるでしょう。それはマズいんですけど、そういうふうになっていきました。そして一年ちょっとぐらい前に、その協同組合が正式に、やってる人が歳をとったためにそれが解散したんですね。だから賀川さんは、――教会は、もちろん教会でみんな集まって礼拝する、そういうところですが――教会が社会実践の拠点になれないか、と考えた。でも、それは実際にはなかなかできないことなんですね。しかし本当はそうしなければいけない。というのは教会で礼拝をしたらすぐにみんなは教会を後にして、社会の中に出ていかなきゃなんない。賀川さんはそういうことを考えていたんですね。でも実際はそれはなかなかできません。今までできていませんね、無理かもしれません、そういうことは。

三番目、平等で平和な世界を生み出すものとして協同組合に希望を託し、その未来を確信していた。そして未来はわれらのものなり、もう未来は必ず協同組合のものだ、というふうに彼は信じていたといいます、希望を持っていたということですね。

さて賀川豊彦の生涯についてザッとお話をしたわけですが、わたしは最後に、賀川さんのこういうキリスト教が、今見たような社会改革的なキリスト教が今こそ必要だ、というふうに申し上げたいんです。つまりこれは、良きサマリア人がさっき出てきましたね。良きサマリア人っていうのは出会った他人ですね、他人、見も知らない人だけども、その人が困っていたら助けるということです。それが良きサマリア人という意味です。困った人を助けなさい。その人が強盗に襲われて呻いているほど重症を負ってですね。呻いているほどのそういうこと、じゃなくてもいいんです。我々の周りには困ってる人がいるんですよ、で困ってる人を助けるのがクリスチャンの勤めなんです。これが良きサマリア人の教えですね。

おそらく賀川さんはそういうふうに考えていたと思います。そうしたら、キリスト者が人口一パーセントを割るなんていうふうにはならないんです。なぜかと言うと、困ってる人、助けられた人は必ずそれを覚えています。皆さんだってそうでしょう、困ってるとき助けてくれた人のことを忘れません。でそういうことをクリスチャンたちがやっていれば、あの人たちの行ってる教会に自分も行ってみよう、とか、キリスト教っていうものは素晴らしいものだから学んでみよう、とかそういうことが至るところで起こってくればキリスト教は日本でも十分、まあ一〇パーセントは行きますね。

その話をもうちょっとします。実はこの日本のキリスト教の将来が非常に危ぶまれています。みんな危惧しています。このままじゃもうキリスト教はなくなっちゃう、と。どこの教会に行っても老人ホームですからね、早い話が。若い世代がいないということは、もうその人たちがいなくなったら誰もいなくなるってことです。そのことをみんなどういうふうに感じてるんでしょう、牧師さんたちは非常に危機意識を持ってると思うんですね。しかしどうすることもできない。

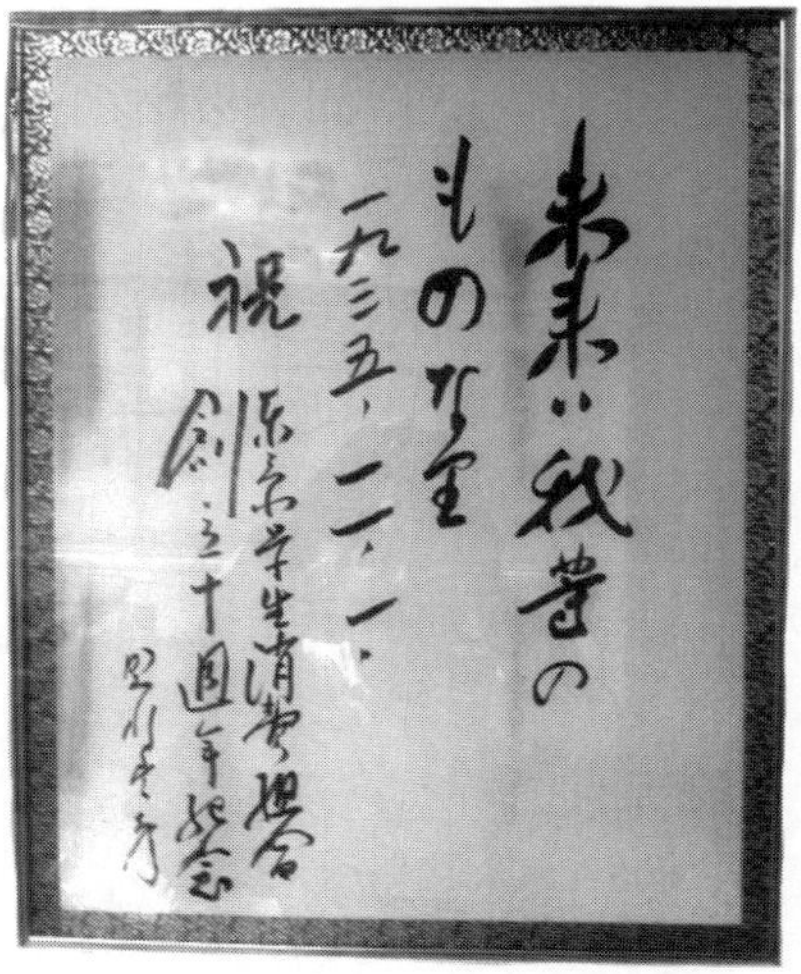

「未来ハ我等のものな里」賀川自筆

わたくしは一つの提案をしたいのは「良きサマリア人になろう」ということです。ここで韓国のキリスト教のことをちょっと考えてみたい。韓国のキリスト教は今国民の約三〇パーセントを超えるというんですね、もっとになる。韓国はやがてキリスト教国になるというのです。この隣の韓国がそうなってるのに、その隣の日本はどうですか、まさに正反対でしょう正反対。なぜそのようになったのか、ということです。

いろいろな理由があると思いますけれども、一つの大きな理由は、この韓国のキリスト教は日本の植民地化と戦ったんです。日本によって植民地化されたときに、日本の神田のＹＭＣＡで、韓国の人たちが独立宣言というのを書くんです。日本で、韓国の留学生たちが。その三三名の内の一六人がクリスチャンでした。でその後韓国の独立運動というものは、まさに日本の植民地支配との戦いです。それは韓国のクリスチャンたち及び韓国にいる欧米の宣教師たちが中心になったんです。

ですからもうこれだけ聞くと「ああ、それはもう」、現在の韓国の教会が盛況だってのは分かるな、って思うでしょう。日本軍が去ったあと戦後になりました、そうすると韓国の国民はキリスト教に対して非常に強い感謝の念を持ってるんですよ、当然そうでしょう感謝してます。でキリスト教に、自分の子どもたちも教会にやりたいとかね、キリスト教系の学校に入れようとか、そういうふうになるのは自然なことでしょう。これ珍しいことではありません。ごく自然なことです。

こういう韓国の教会のことを見てますと、なぜ日本は正反対なのか、これでいいますと、わたくしは正しいことを言えるかどうか分かりませんけれども、この韓国のことを念頭に置いて言いますと、その反対のことをしたのが日本の教会なんです。その反対のこと、つまり日本のキリスト教は日本人に対してあまり感謝されるようなことをしたことがない。それは伝道なり何なり一生懸命したでしょうけども、本当に日本人が「ありがたい」というふうに思うようなことをしてないんです、そういうチャンスがなかったんです、日本の教会には。だって日本の教会は、日本軍と一緒に世界に出かけて行って、とかいうことに賛成した人もいましたし。要するに日本人が本当に喜ぶようなことをしてあげてないんですよ、だから日本の国民は戦後になっても一向に教会の宣伝に乗ってこない、感謝する気持ちがないからです。

これはもう、韓国の国民のキリスト教に対する感謝の気持ちと正反対。つまり日本の国民はキリスト教からいいことをしてもらったことがないんです、困ってるときに助けてくれたことがないんですよ。これはしょうがないでしょう、そういう韓国と置かれた立場が違ったわけですし。しかしハッキリしてることは、日本の教会に対する感謝の念のようなものが日本の国民にはないということです。そういう経験がないんです。

だから当然、何をわざわざキリスト教に行かなくてもいいんじゃないのって、みんな考えてるでしょうね、むしろ仏教もあるし神道もあるし。しかもキリスト教国っていうのは日本と戦争をして、そうして大都市にもう雨あられと爆弾を落とし、自分たちのお父さんたちおじいさんたちはみんな死んでしまった、それがキリスト教国ですよ。そうでしょう。だからキリスト教に対するイメージはこの戦争によって一段と悪くなったでしょう、当然です。

だから戦後も賀川豊彦は一生懸命全国を歩いてたくさんの人にその話をしましたけどね、それはそれでよかったんですが。しかし日本の国民にはキリスト教に対する、クリスチャンたちに対する感謝の気持ちがありません、何かいいことをしてもらった覚えがないんです。これじゃあねやっぱり教会には来ませんよ。

今、世界中の宗教に人が集まらなくなってます。ただ例外は韓国の教会ですよ、これはちょっと別格ですね。他のヨーロッパのキリスト教も「老人ホームになった」と、もうだいぶ前から言われてます。ヨーロッパの若者ももう教会にはあまり来ないんですね。

この問題はいわゆる世俗化と言われてます。非宗教化という意味ですけども、世俗主義とか世俗化と言われますね。だから教育を受けた人ほどこの世俗化をして、もう古くさい教会に行く必要はないよと。古い宗教だよね、あれはと。これはキリスト教国での話ですよ、キリスト教国でもそう、日本でもそうです。ですからこの世界の世俗化という問題がまずベースにあるんですね。これでもかなり説明できます。

それから、日本になぜキリスト教が根付かないか、ということに対するもう一つの説明があります。昔梅棹忠夫という人が、世界宗教免疫説、つまり世界宗教が一回ある地域を支配すると、そこに第二の世界宗教が来てもダメだ、という説を言ったんです。もうそこには世界宗教に対する免疫ができてて第二の宗教を受け付けない、と。これかなり、大雑把な話です。

だからそれが正しくても、例えば日本に一〇パーセントのクリスチャンが生まれてもいいんじゃないか、一パーセントになる必要はないです、一パーセントはひどすぎる、とそういう議論も可能です。しかし一応、この世界宗教免疫説っていうのは「ある正しさ」を持ってます。だからやっぱり日本ではキリスト教は難しいかな、と。日本は仏教の国ですからね、しかも神道もあるということで。日本人は、まあ「間に合ってる」と、宗教は間に合ってると言えるわけですよ。

それでもね一〇パーセントぐらいの人がキリスト教に傾いても不思議ではないんですね。だから世界宗教免疫説も完璧な説明ではありません、それが正しくても一〇パーセントはいたっていいじゃないか、って言ったのは、わたくしもそうなんですがこの前亡くなられた古屋安雄先生がね。古屋先生っていう方が神学者で偉い人がいたんですが、彼がそれを聞いて。ああ自分も長い間一〇パーセント説だった、と言ったんですね。

つまり日本人のクリスチャンは、一パーセントっていうのはやっぱりおかしいと。どっかに欠陥があってやり方が悪いんだ、というわけです。だから一〇パーセントにはなってもいいんじゃないかと、韓国のように三〇パーセントなんていうのはとんでもない数字ですけど、一〇パーセントぐらいは、という、そういう話がありました。

つまり、日本にキリスト教が根付かない一つの説明はこの世界の世俗化という問題。それから第二はすでに仏教が根付いているという問題、だから第二の世界宗教が来ても「間に合ってます」という日本人が多いということですね。

ただ、先ほどお話しした韓国の例は、こういうものを吹っ飛ばしてしまったんですよ、韓国のキリスト教は、世俗化じゃないですよ、うちはもうドンドン教会にみんな来ますよ、とね。それからその世界宗教免疫説も。韓国も仏教国ですからね、仏教が昔からあるけれどもキリスト教は素晴らしいからこんなに栄えてます、って韓国の人は言うんですよ。だからその世俗化説も世界宗教免疫説も、完璧な説明ではないんです。それがあってもまだ韓国のような例があり得るんですからね、そういうふうに思うんですね。

わたくしが最後に申し上げたいのは、この日本のキリスト教にとって今必要なのは教会から外に出て行って「人に親切にすること」なんです、他の人たちに。つまり困ってるときに助けなきゃいけないんですよ、これが良きサマリア人。じゃあどうすればいいのか、というと、いろんな可能性があるでしょうね。急に「助けろ」って言われてもなかなか難しいですね、いきなり、どこに出かければいいのか、とね。

それは皆さん工夫してください。それぞれの教会で会議を開き、どこに行こうか、食事の世話でもしようか、とかいろいろあるでしょう。子どもナントカっていうのもあるでしょう、何でもあるんですよ。そういうことをして、人々に対して「良いことをしてもらった」という感謝の念を人々が持つようにしなければいけない。

キリスト教が来て四六九年経つんです。あの有名なフランシスコ・ザビエル以来、五世紀近く経ってるんです。それで最近一パーセントを切ったんですね。これはやっぱり何か、教会のやり方にも何か大きな欠陥があるんじゃないか、と思います。

それでわたくしは、それは韓国の例を見ると分かるように、韓国の人たちはキリスト教にとても感謝してると。だからそれは一緒に日本軍と戦ってくれたからです。だから非常に感謝してる、だから大挙して教会に行くようになった、キリスト教に行くようになった。日本は残念ながらそういう経験がないんです、だからせめて皆さんが一人一人が、良きサマリア人の小さな実践を始める。人が何か困っていたら助けてあげるということをしてください。わたくしもしなきゃいけないんですけどね（笑）。

ご清聴ありがとうございました。

第4章

近代日本におけるキリスト教学校教育

大西晴樹

はじめに

明治維新から一五〇年を振り返るというのが私に与えられたテーマですが、私の本職は西洋経済史でして経済学部におります。では、なぜキリスト教の歴史をやっているのか、しかも日本のことに口を挟んでいるのかと申しますと、実はキリスト教史学会にも属しておりまして、そこから委員を出して、『キリスト教学校教育同盟百年史』を作るということでお呼びがかかりまして、編集の仕事を一〇年ほど続けました。各学校はそれぞれ校史を持っています。百年史、百五十年史という形で今各学校の校史がまとめられております。けれども教育同盟史という全く前人未踏の仕事、前例がないものを書くというのは、たいへんでした。実は、そういうことがあって、今日こうして呼ばれることになったのだと思います。

そういう意味では、一五〇年のプロテスタント・キリスト教学校に焦点をあて、今日カトリックについてはわずかしか触れませんけれども、キリスト教学校の歴史について話していきたいと思います。

時代を四つに区分しました。一つは宣教師の私塾時代。キリスト教学校というのは宣教師が作ったということになります。もちろん日本人の作ったキリスト教学校もございますけれども、おおよその学校は宣教師から生まれてきたと考えていいと思います。

次は、戦前戦中のキリスト教学校であります。先ほどキリスト教学校教育同盟について話しましたけれども、プロテスタントのキリスト教学校は現在一〇三法人ほどございます。そのうちの戦前戦中に加盟したのが五十数校ですから、およその骨組みは戦前戦中にできていたのです。キリスト教学校教育界の中でも、プロテスタント・キリスト教学校はそれほど主導的役割を果たしてきたといっても過言ではありません。ですからこれも、重要なテーマです。

三つ目は、戦後のキリスト教学校は民主化の中でどうなったんだろう、ということも学んでいきたい。これを学ぶということは、これからをどう展望していくかということにもつながる問題だと思います。キリスト教学校教育の定義について話したいと思います。キリスト教教育というと、教会教育も入ります。しかしながら私の専門分野は教会ではなくてキリスト教学校のほうの教育です。しかし、これも教会と学校の線引きをどこですべきかという点に関して、華々しい論争史がございました。

そして最後に未来への模索ということで話を結んでみたいと思います。

宣教師の私塾時代

さて、明治一五〇年と言いますが、明治という時代に至る前の開港という時代について触れないといけないと思います。要するに鎖国が解けたということです。これはどういうことかと申しますと、日本が二五〇年眠っている間に世界では産業革命が起こり、グローバルな貿易が展開するようになってきて、東アジアの中国、日本、朝鮮がそれぞれ鎖国をしていたんですけども、ドアをノックする音が聞こえるようになったということです。外国船がやってきて、早く国を開けと言う。要するに国を開くということは、天皇の命に即さないとかいろんな議論が起こってくるわけです。そのとき世界は、産業革命とプロテスタントの宣教――カトリックの宣教ももちろんありますけども――が非常に盛んなヨーロッパ諸国の列強が、アジアのドアを叩きたがっていたということになります。

私はイギリスが専門なんですけれども、イギリスにはこんな学術用語があります。「自由貿易帝国主義」と言います。自由貿易を旨としながら帝国主義をやっていたんじゃないか。必要がなければ非公式に、必要とあらば公式に、というのが「自由貿易帝国主義」のモットーです。何かというと、イギリス船が来て貿易をやってくれるならば占領をしませんよ、と。戦争もしませんよ、と。国を開いてくれればいいんだ、と。ところが抵抗するならば撃ち込みますよ、と。砲弾を撃ち込んで占領していきますよ、と。これが「自由貿易帝国主義」の中身です。目的は自由貿易です。ところがそれに刃向かうと帝国主義というか軍隊が出てくるということになります。

例えばアルゼンチンという国を考えると、イギリスの軍隊が踏み込んだっていうことはほとんどないです。イギリスと当時貿易をやっています。ところがインドとなると、これはもう皆さんご存じのとおり、セポイの乱で反乱を起こしましたので、イギリスは容赦なく蹂躙し――東インド会社から入っていきましたけども――ムガール帝国を滅ぼしてインド帝国という、ヴィクトリア女王が皇帝の帝国をアジアに作ってしまった。それでガンジーは大反発をして独立運動を起こすわけです。中国はというと曖昧な部分がありましたので、開港しながらも反発をしましたので、半分占領をされたというようなことがありました。

さて日本はというと、当時の指導者は本当に苦しんだと思います。これだけ眠っていた国が起こされて、この先どうしたらいいんだろうということになると思います。当時は、世界のヘゲモニーはイギリスが握っていたんですけども、じゃあなぜ日本はアメリカと結んだかということがポイントになるわけです。これはアヘンの問題と関係していると言われています。アヘンを持ち込ませない、日本は中国の轍をもうすでに見ていて、ああなっちゃいけないということでアメリカと結んだんだっていうのが一般的解釈です。その後イギリスと結ぶときもアヘン持ち込みは禁じていました。そういうことをして一応アメリカと初めて条約を結んでいる。

一八五八年に通商条約を結びます。五港を開港します。イギリス、アメリカをはじめとして五カ国、そして五港ということになります。これまでの下田と箱館から、今度は新潟、神奈川、そして兵庫、それから長崎ですか。そういうふうにして日本の開港が進む。開港開市と言います。

それで宣教師たちはいつごろ来たかというと、一八五九年に来た。なぜかというと、外国人が通商条約を結んで入ってきますね。その人たちの宣教のためにはミッショナリーが必要だからという名目で日本に入ってくる。これからお話しするヘボンもそうですし、他の長老派の宣教師たちもそうです。それが一八五九年ということになります。通商条約の翌年です。

誰が入ってきたかということですが、アメリカ聖公会はリギンスとウィリアムズが長崎に来ます。ウィリアムズという人はのちに立教学院を作った江戸主教です。それからアメリカ長老教会はヘボンを神奈川に、アメリカ・オランダ改革教会はフルベッキを長崎に派遣します。アメリカ聖公会とかアメリカ長老教会に比べると、アメリカ・オランダ改革教会は規模が小さいです。ですけども、彼らは自負がありました。鎖国中に日本に開かれていたのはオランダだ、という意識がありました。自分たちの先祖の国の人たちがいたんだから、アメリカに移った自分たちも日本とはきちっと付き合っていきたいという意気込みを持って入ってきた。

それから、シモンズとブラウンが神奈川に、彼らもアメリカ・オランダ改革教会です。そしてこれらの宣教師には特徴があります。ほとんどの宣教師が中国伝道を経験しています。なぜかというと、漢字が読めるからということなんでしょう。ただ日本語と中国語は異なり、ヘボンの手記なんかを見てもずいぶん日本語で苦労しています。日本語の表現がいかに多様なのか、心の内側を訴える言葉も、今日はお暑いですね、という言葉もあれば、今日は汗が流れますね、というふうに言った文もあるし、そういう意味では日本語表現っていうのはじつに多様だっていうことをヘボンも言っています。まあ言ってみれば、中国にいた宣教師をリクルートして、今度は日本伝道にということで、これらの宣教師が入ってくるわけです。

さて、おもしろいことがあります。これを調べているうちにわかったのは、日本の開化をリードしたのは誰かということなんです。皆さん、「お雇い外国人」という言葉をご存じですね。要するに明治政府が雇って国の開化のために高いお金を出して雇われた人たちがいました。それ以前に、宣教師たちが日本の志のある若者たちと出会っているんです。どういう形で出会っているかと言うと、ヘボン、ブラウンは明治学院を作ることになります。ウィリアムズは立教学院を作る。それからフルベッキは実は早稲田大学の創設者大隈重信と親しい関係です。長崎で、大隈を教えた。何を教えたかと言うと、各国の憲法と新約聖書を教えた。早稲田大学のホームページを見てください。フルベッキから大隈は洋学を習ったって書いてあります。早稲田は宣教師との関係を否定しておりません。

ところが、慶應義塾大学は早稲田よりも宣教師と出会っているんですけども、残念ながら宣教師との関係にほとんど言及しておりません。これを調べたのが白井堯子さんという方で、『福沢諭吉と宣教師たち』という本の著者です。白井さんがオクスフォード大学のある図書館に行って驚いた。立教はアメリカの聖公会の作った学校ですね。慶應は日本にあるアングリカンの学校だと言ってもいいくらい、アングリカン、すなわち、イギリス聖公会と深い関係だというのです。福沢家は宣教師との関係をオープンにしていますが、慶應義塾はその関係をなぜ公にしないのか不思議です。福沢諭吉は自分の腸チフスの手術で、さっきのシモンズ宣教医師——虫下しを作った医師ですけれども——この宣教医師を三田の構内に住まわせて自分の侍医にしました。それからショーという宣教師がそうですけど、イギリス聖公会の宣教師たちを三田の構内に住まわせております。慶應義塾は創立一五〇年の記念のときに、確かイギリスからプリンスが来たのではないかと思います。実はそういう深い関係があるんです。

要するに、開港の際に、私学を立ち上げた志のある日本の若者たちは宣教師と接点があったということなんです。これは何も政府ができて外国人を雇って、高い給料を払った人たちではなくて、若者たちが飛び込んでいってそこで学びを始めたということは、日本の開化の歴史では非常に重要な出来事ではないかと思います。この点においては見過ごされておりますけれども、早慶と言われる学校も実はそういうような歴史があったということです。

さてヘボンです。私は以前、明治学院の学長、院長をやりました。ちょうど創立一五〇周年だったもんですから、毎回ヘボンの話をしました。もうヘボンを覚えてしまいまして、専門じゃないんですけどもヘボンの話をしてくれって、学生たちと会ってもヘボン、教職員と会ってもヘボン、卒業生と会ってもヘボンで、ヘボン漬の毎日でした。

ヘボンって言っちゃいけないんですね、正式にはヘップバーンです。オードリー・ヘップバーンという女優よりも、キャサリン・ヘップバーンとの方が関係が深そうです。

そこで、日本最古のプロテスタントの私塾ができたのは、文久三年、一八六三年に横浜居留地の三九番。今の山下公園の近く、具体的に言いますと神奈川県合同庁舎の辺り、人形の家の裏手にヘボン記念碑がありますが、そこのミッションハウスや礼拝堂で教えたり、それから手術したりするわけですけども、そこで産声をあげました。

実は不思議なことがありまして、キリスト教学校教育同盟で今までで一番古い学校はどこだ、ということになると、フェリス女学院だと言われていたんですね。創立年が一番古いと言われていたんです。というのはなぜかというと、明治学院は、東京一致神学校、要するに東京神学大学のルーツでもあるのですけども、神学部の設置に創立年を置いていたんです。ところが明治学院からもう神学部が離れてしまいまして、東京神学大学のほうに行ってしまいましたんで、まあそういう意味では起源をヘボン塾に求めるのが筋だろうということになったのです。フェリス女学院は、ヘボン塾から始まったのですから、フェリスのほうが古いっていうのは変な話だということで、明治学院の創立年を改めました。一五〇周年を一八六三年から数えて、二〇一三年にお祝いしたんです。その後、NHKのほうからラジオに出てくれと言われまして、ヘボンについてのラジオ放送をやったんです。それがカルチャーラジオ「歴史再発見」という番組です。

ヘボン塾からは林董（ただす）が出ています。この人は順天堂を作った林泰然の末子です。順天堂も古い医学校でして、林泰然はヘボンのところに通って手術をするのを見てた。そして息子には英語を勉強しろと言って、二人でヘボン邸の近くに泊まり込んで学んだんです。林董は父に頼んでヘボン塾の第一期生として入れてもらったということです。林の出身佐倉藩は佐幕派で、のちに箱館戦争で捕まって伝馬町の牢屋に連れてこられたんですが、ヘボン夫人が差し入れに行って、自分の息子のようにかわいがっていた、という話もあります。本人もヘボン夫人には世話になったと書いています。後に林は外務大臣になります。

それからヘボン塾は高橋是清も輩出しました。この人は大蔵大臣を六度、総理大臣を一度やりましたが、二・二六事件で凶弾に斃（たお）れてしまいました。軍部の要求する予算を出さなかったので、銃殺されたのです。そしてこの二人は実は日露戦争のときに日本債——要するに当時の日本にはお金が無かったものですから、横須賀にある戦艦三笠などの軍艦をイギリスから買うために日本国が発行した債券——を起債したんですね。日本という国がまだあまり知られていないときに資金を募るのはたいへんなことだと思います。

最後はユダヤ人資本に頼ったのですが、ロンドンでの起債に成功して、それで日本が軍艦を買うようになったということです。ところがその軍艦がバルチック艦隊を破ったんで、まさに日の出、ライジングサンだというふうに言われるようになりました。そういう貢献をした人たちです。

それから益田孝が出ました。三井物産を作った人です。彼は「日本経済新聞」の前身、日本のウォールストリートジャーナルにあたる「内外物価新報」という新聞を出しました。それから三宅秀（ひいず）という東大最初の医学博士で、初代医学部長を出しております。このような錚々たる人物がヘボン塾から輩出しました。

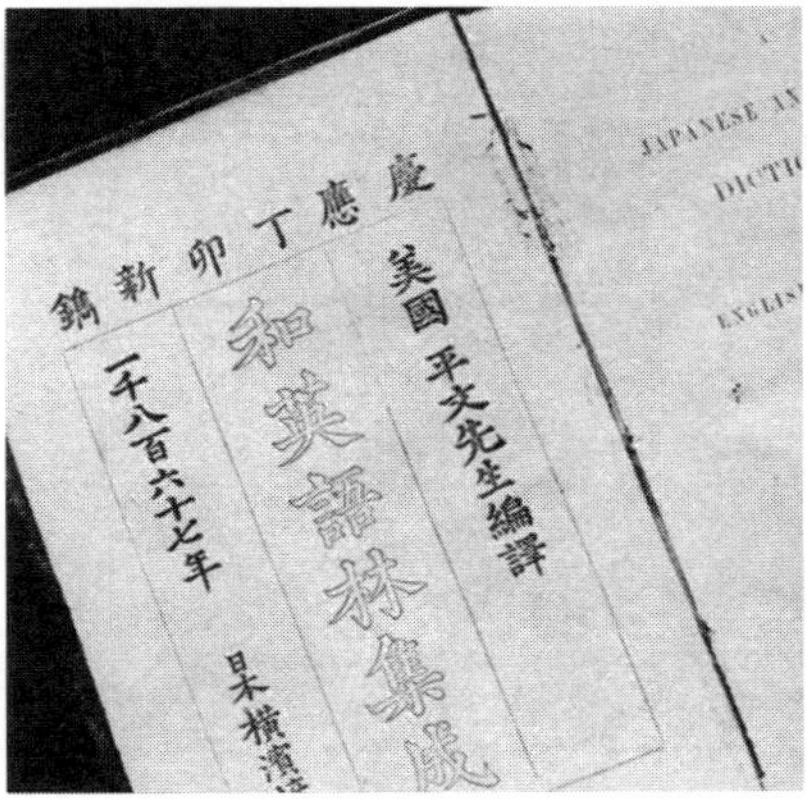

『和英語林集成』

日本のキャッチアップが早かった理由については、いろいろと言われます。富国強兵をやったからだと言う人がいますけれども、ヘボン博士本人は何をやったかというと、辞典を作ったんです。しかも明治維新の前年に、和語約二万語、英語約一万語の『和英語林集成』と言われる辞典を上海のAmerican Presbyterian Press、美華書院と言われますが、そこから出版しました。鎖国をしていたせいで活版印刷機が日本に無かったのです。幕府も辞典を作りましたけれども、それは木版印刷と活版印刷機で刷ったものをあわせたような辞典です。それに比べるとヘボンの作った辞典は断然優れた辞典で、品詞も出ているし、例文も出ているし、発音記号も出ているという、辞典本来の機能を備えた辞典ができました。それがなんと明治維新の前年に出たということです。

諸外国は日本という新しい国は一体どんな国なんだろうと関

心を持っていましたが、日本を知るためにはこれを買いなさい、ということでイギリスのトリュビュナー社からも出版しました。ヘボンという人は非常に賢い人で、日本でも出版しましたけれども版権を守るために、イギリスのトリュビュナー社というところからも出版いたしまして、上海からこの辞典を一八〇〇部、世界に向けて発信しました。実は明治学院一五〇周年でこの辞典を復刻いたしました。上海版とロンドン版を見比べて、どちらで復刻したらいいのかということで悩んだんですけども、ロンドン版のほうは印刷が良かったです。インクも、紙も上質、保存状態が良かったんで、それを復刻しました。

その印刷のために上海につれていったのが岸田吟香(ぎんこう)という岸田劉生のお父さんです。この方は、銀座教会でお葬式をしたそうですけども、目薬で一躍名をはせて、それで出た利益を筑波大学の盲学校に寄付したり、それから上海でも売れたので、東亜同文書館に寄付したりしました。本人は最後までクリスチャンになることを拒んだんですが、葬儀だけは銀座教会でやって欲しいということでした。では、吟香は何をやったかっていうと版下作りです。要するに吟香が筆で書いたものを作字して、活字にし、活版印刷をしたわけです。この「和英語林集成」という言葉も、吟香は洒落てまして、初めは「和英詞林集成」だったんだけれども、「一厘値上げして」、「和英語林集成」と命名したと言っています。活版印刷については、尾ひれが付いていました。上海で作ったんですけれども、本木昌造という人の長崎の活版伝習所に、フルベッキの手引きで美華書院の宣教師で印刷技師のガンブルを招いたんですね。そのときに生まれたのが、一〇・五ポイントという日本標準サイズの活字です。皆さんのパソコンの文字は通常何ポイントの大きさですか。一〇・五ポを使っている人が多いと思います。この大きさは、日本にしかないんです。世界の標準サイズは一一ポです。では、なぜできたかというと、最初は一一ポを作ろうと思った。ところが、ガンブルが指定したものを、日本の職人たちが鯨尺を使って計ったときにずれたらしいんですね。それで一〇・五ポっていう日本独特のサイズができたのです。海外でパソコンを見てください、一〇・五ポを探しても出てきません。

それからヘボン式ローマ字。パスポートとか道路標識なんかに使われていますけれども、これは『和英語林集成』第三版のときに完成したローマ字です。いろんなローマ字があったようです。フランス語由来のローマ字もあったし、宣教師の間でも、ローマ字が定まらなかった。このヘボン式は、アメリカ人の発音に近いということで普及し、標準式になりました。ところが、十五年戦争中、日本語の五十音式に改めるということで、訓令式ローマ字が制定されました。今のパソコンは両方で打てます。ヘボン式でも訓令式でも打てるという形になっております。

話は長くなりましたが、ヘボン塾の後、明治の最初の一〇年の間に続々と学校ができてまいります。築地のA六番館宣教師館から女子学院が出てまいりました。それからフェリス女学院ですが、キダーというアメリカ・オランダ改革派の宣教師がやってきて女子の学校を作りたいということで、明治学院を男子学校に、それでフェリスを女子学校にしました。それからアメリカ・ミッション・ホームと呼ばれた横浜共立学園などは、これもまた外国人との間の私生児のための学校としてできたということで、続々と出てまいります。教育同盟が編集した年表を見ると分かりますが、今日も続いているいろんな学校がこの明治の一〇年代までに産声を上げたということになります。

若者たちが宣教師の周りで学んでいた私塾が、どういう形で学校制度へと切り替わっていくのでしょうか。キリスト教学校の前身が要するにキリシタン禁令の高札を外す前にもう設立されている。そして明治政府はキリシタン禁令の高札を外すわけです。

では、どうして高札が外されるようになったか、というと、米欧使節団と言いまして、アメリカとヨーロッパに伊藤博文とか岩倉具視たちが行くわけです。それには、フルベッキの提案がありまして、日本という国ができたんだから日本に留まっていないで、外国を見てらっしゃいよ。今で言うところのフィールドスタディってやつですね。学生たちが海外に出て行って、実際に学んでくるやつです。自分の目で見るとよく分かるじゃないか、ということで、大隈重信に手紙を出して提案したんですけど、結果的には大隈ではなく、岩倉のもとで実施されるようになった。総勢一〇七名、その中には女子留学生たち、幼少の津田梅子もいました。そうしたら、行く先々で、デモに遭うんです。指導者や市民たちから歓迎されないのです。どうしてかというと、日本ではカトリックの迫害をやっているだろう、と。浦上四番崩れといって、明治政府になってからも宗教迫害しているじゃないか。そして今でも踏み絵を踏ましているじゃないかという批判に直面しました。どういうことかというと、明治になってもキリスト教は公認されてなかった。それで、これでは不平等条約改正も進まないということで、岩倉が伊藤と大久保利通を呼びつけて日本に帰らせ、そしてすぐ高札の撤去を命じます。ですからこれは高札を外しただけで、政府が公認したわけではないので、「黙許」という言葉がふさわしいだろうと言われます。その後はキリスト教の葬儀を出しても、公に弾圧されることはないということになるわけです。

先ほど明治学院の創立年の例を出しましたが、男子校はおもに神学校として始まります。他方、キリスト教教育として成功を収めたのは女子教育の方です。女子は、儒教の男尊女卑の思想の下に押さえつけられてきましたから、キリスト教学校は人気がありました。キリスト教女学校というのはすぐに広がります。それで学校としての女学校の概要は、小学校の教育があって、その高学年の教育をすると同時に、言ってみれば本科のほうでは女学校の教育をしていた、中等教育をしていたということです。年齢層もずいぶん小さい子から二〇歳前後の子までやってきたということになります。

経営者は強い使命感を持つ外国人。国語、漢文などを教えることによって日本人教師も入ってきます。裁縫もそうですが、日本人が入ってくるとなると、組織や学校のカラーが変わってくる。他にいろんな教科も教えられます。聖書、英語、国語、数学、理科、今の普通教育と変わらないような授業が始まります。そしてほとんどの学校は寄宿舎制度を採用していました。教科の外国人教師以外に外国人教師による生活指導が行われ、英語に親しんだ生活ということになります。西洋の家庭生活を寮で体感、経験したのです。マナーというものも教えられたし、ときには男女交際法について教えますよ、ということもした。男の人はこういうもので、とか。そういう形で男女交際をしなさいというようなことを教わったのです。

宗教活動として日曜日は礼拝に出る。また、奉仕の精神と活動ということが新しいこととして始まった。これは儒教社会の文化の中にはなかったことです。結局儒教道徳の範囲では人様に迷惑だけはかけないようにというのが基本道徳として皆覚えているけれども、人のために、お節介じゃないかと思われるぐらいやるということについては教わったことはない。上下関係、あるいはそこで味わう優越感、劣等感しか考えられなかった日本人を、ある程度この奉仕の精神によって解放したというようなことを宣教師たちが教えた、と言えるのではないでしょうか。

戦前のキリスト教学校

キリスト教学校は欧化主義が高揚した一八八〇年代まで発展を遂げました。七〇年代に一四校が、八〇年代に二六校が誕生しました。すると、当然、この勢いで行けば日本はキリスト教学校だらけになるということに危機感をもった人たちがおります。そしてブレーキを踏み始めたのは明治憲法、大日本国帝国憲法が出てきた頃、これでその勢いが止まりました、というか止められたということになるわけです。

教育については、教育勅語ができまして、忠君愛国の教育がなされるようになりました。隣人愛とは別の教育がなされるようになったのです。象徴的には内村鑑三の不敬事件が起こります。内村は第一高等中学校の嘱託の舎監だったんですけども、教育勅語に対して最敬礼しなかった。それによって、内村は売国奴だ、ということでやり玉にあげられました。彼はたいへん苦しみまして、そのまま学校を辞めることになる。再度最敬礼を求められましたが、風邪を引いてたという理由で、それもまた拒否しました。夫人はこの苦難のために亡くなってしまいました。

それから八年後の一八九九年には内地雑居制度ができます。また同じ年には内地雑居を懸念した文部省から、訓令第十二号が出されます。これは何かというと、条約改正によって宣教師たちが居留地以外で活動してもいいということになります。要するに内地雑居とは国内で外国人が日本人と一緒に住むということです。そうすると、キリスト教学校がどんどん広がるのを恐れて、訓令第十二号というのを出して、そこで明治政府は宗教教育を禁止してしまうという手段に出てまいりました。キリスト教学校は冬の時代を迎え、一八九〇年代にはわずか六校しか誕生しなかったのです。

ちょっと飛ぶんですけども、一九一〇年に教育同盟会が結成されます。一九一二年には女子教育会と男子教育会が一緒になりまして、基督教学校教育同盟会というのが立ち上がりました。そして戦後基督教学校教育同盟と称するようになりました。今は「基督」を「キリスト」って読めない人が多いということで、カタカナにしています。

それでキリスト教学校教育というのは教会教育とどこが違うのかということですが、これはこういうふうに定義しました。

キリスト教教育はキリスト教学校における教育全体を指す。キリスト教教育はキリスト教に基づいた一般教育、普通教育であり、他方、教会教育はキリスト教信仰への導きであるということで、教会で行われているような教育なのです。それゆえ、キリスト教教育は、その根っこはキリスト教によって行うという。キリスト教に基づくという言葉が非常に重要な言葉遣いになってまいります。これがなくなると明治大学と明治学院大学のどこが違うんだという話になってくるわけです。

さて、教育というのは恐ろしいもので、キリスト教学校だけが教育しても世の中はあまり変わらないと私自身が諦めてしまったら駄目なんですけども、大きな影響力をもちます。それは何かというと国民が受けている臣民教育ということになるわけですけれども、戦前は国民儀礼というのがございました。これは「御真影」に対して最敬礼をする国の祝日、四大節、例えば新年節、紀元節、あるいは天長節などです。そういう日に関しては、「御真影」に対して最敬礼をして天皇陛下万歳を叫ぶ、教育勅語を読む、忠君愛国の士気を上げるにふさわしい演説をする、唱歌を合唱する。校長はこれらの三つを行わなければいけなかった。それで冬の二月一一日の寒いときに小学生が校庭に集まって、校長がこのような演説を長々とするので、皆バタバタ倒れた。それでもやる。こうして臣民教育がなされ、刷り込まれていきました。

「御真影」下付についてはこうです。「御真影」というのは私も見たことがなかったんですけども、天皇、皇后の菊の紋章入りの写真です。これを各学校が預かって恭しく奉戴する、大切に置くわけです。普通のところに置いてはいけないんです。キリスト教学校は神社のような形をした設置場所を作りまして、その中に「御真影」を大切に保管しました。明治学院はどこに置いたのかというと、チャペルの講壇の横の部屋です。外側からみると、そこに神社の形をしたような、鉄の扉があるんです。一九三八年、昭和一三年ですか、キリスト教学校としては、最後の方に受け取った。たぶん明治学院を攻撃すると、アメリカが黙ってない、そんなふうに感じ取らせて最後のギリギリまで受け取らないようにしていたと思いますが、受け取らざるを得なかった。受け取ったほうがいいと判断をしたんでしょう。そのときに、院長代行はホキエという宣教師です。外国人には渡さないということで、ホキエに「御真影」は渡されなかった。日本人が行ってこれを受け取って、校門からホキエはこれを持ってチャペルに納めた。最近チャペルの補強工事をしたのですけど、この鉄の扉をもう壊そうかという議論になったんです。しかし、保存しておこうということになりました。二度とこういう時代があってはいけないということで、今でもこの鉄の扉は残っています。明治学院にいらした際にこれをしっかり見ていってください。こういうのがあったんだということです。学校によっては院長室の中に奉戴殿を作ってそこに立派においてあった、ところもあったようです。

さて、訓令第十二号というのが発令されました。学校というのは教科だけを教えるものじゃないんです。学校と塾の違いはなんだということをよく議論されますけれども、やはり学校教育というのは人格教育でもあると思います。人間の成長というのが勉強だけじゃないということを皆分かっているし、協力しあって生きていかなきゃいけないってこともしっかり教えなきゃいけない、大事なことです。そういう意味においては一般教育だからと言って宗教から引き離すということはできないはずなんですけど、訓令第十二号というのは、「官立公立」と「法令ノ規定アル学校」においては宗教教育および宗教儀式を禁止した。これがキリスト教学校にとって重くのしかかってまいりました。宗教教育がなくなれば、キリスト教学校の存立の意味がないということにもなる。

男子の中学校令が出たときに合わせて訓令第十二号が出た。文部省の訓令というのは省令より強制力を持つ、そういう形で出されたことになります。初め、勅令で出すところだったんですけど、宣教師たちがそれこそアメリカ大使館を使って運動をしたり、伊藤博文に会いに行ったり、ロビー活動をしながらこの法律が訓令ということになったんです。だがいずれにしても、宗教活動を禁止した。それで「私立学校令」、中学校令もそうですけどもこれに関して、六校の私立学校の代表者たちが立ち上がった。大隈重信、伊藤博文、時の首相山縣有朋のところに行き、なんとかしてくださいということでした。大隈重信はさすがにＹＷＣＡの運動には理解があったので、そういう意味では理解者でした。自分も長崎でフルベッキ宣教師に習っていますから。

では、この足枷からどうやってキリスト教学校は生き延びたか、これを回避していく、いろんな方法があります。私立の桜井小学校という学校は廃校になりました。もう学校をやめようと。キリスト教教育ができないなら、チャペルでの教育もできないならこれはもうやめようということになります。それから中学校令による中学の廃止によるキリスト教教育の存続。要するに中学校であることを辞めて、各種学校になり、学校を存続させようとしたのが明治学院、青山学院です。同志社はかなり政治的影響力があったようでして、明治政府も同志社だけは特別だっていうようなことが言われていました。けれども、同志社を特別扱いしないということで、結局、明治学院、青山学院と同じ立場を選択しました。

立教は、寄宿舎で宗教教育を行う。一種の使い分けですね。要するに学校の構内では一般教科の学校ですよ、ただ立教生は寄宿舎では聖書を読んでお祈りしますっていうようなことをやっていたようです。それからキリスト教学校教育をやめたのは、東洋英和中学、今の麻布学園です。麻布中高はこの頃から受験校だったわけではないと思いますけども、キリスト教教育をこの時代に捨ててしまった、諦めてしまったということになるわけです。こうして、それぞれの学校が苦悩して、それぞれの道を選び取っていったわけです。

どうしてかと言いますと、男子にとって、各種学校では魅力がないんです。中学校に入ったら今度は高等教育を受けたいということで、高等学校を受けるということになりますね。ところが正規の中学校じゃないと、上級学校につながりません。それから、徴兵を猶予されることもありません。ですから明治学院では、多くの生徒が転校して、最終的に卒業生が二人とか三人になりました。多少なりともミッションの援助があるとはいえ、たいへんな選択を迫られたのです。

しかしながらこれらの学校は一致団結しまして、文部省と交渉して、徴兵猶予の特権とか上級学校の受験資格を獲得していきます。指定校といいまして、特別な学校として、明治学院からも高等学校に行けるということになりました。ただ明治学院から仙台の第二高等学校で学んだ人にインタビューをしたことがありますけれども、ずいぶんいじめられたそうです。おまえのところは正規の中学じゃないだろうということを言われて、いじめられたということを話してくれました。

では先ほど申し上げた人気の女子教育はどうかと言いますと、「高等女学校令」（一八九九年）以降、高等女学校を名乗ることができませんでした。女学校、女学院——今でもそういうキリスト教学校がありますが——という名前を使い、高女なみの上級受験資格や就職上の資格は、女子の場合は、当該個別府県庁によって決定されました。

訓令第十二号を発令した樺山資紀文部大臣は薩摩出身の軍人です。驚かないでください、この人クリスチャンです。明治というのはそんな時代です。ですが、追い風が吹いておりました。なぜかというと、日本の教育熱というのはこの頃からすさまじかった。産業革命が高等教育を受けた人材を要求した。要するに経済界は人材が欲しかった。第一次産業革命である繊維や製鉄産業の時代が終わって、その次は二〇世紀型産業、化学と電気が台頭してまいります。日本はさんざん電気産業で稼ぎましたよね。現在、電気産業は凋落しておりますけども。当時は、発展してきた重化学工業をコントロールできる管理職とか専門職が必要になってくる。ということは高等教育が必要だということで、国民の教育熱も上がり、高等教育の需要が高まるということになります。そこに出てきたのは帝大です。東京帝国大学から始まって京都、東北、九州と行くわけです。「帝国大学令」（一八八六年）の目的は何かというと、もちろんキリスト教に基づく人格教育じゃありません。「国家ノ須要ニ応ズル学術技芸ヲ」教授研究する大学ということになります。今、国立大学の改革が著しいということになって、どんどん文科系の予算が削られてきて、理科系にシフトしていっている現実があります。これは何も今に始まったことじゃないんです。明治維新以降、国公立大学は「国家の須要に応ずる」ということですから。ですから建学の精神がもとよりないんです。文字どおり、国家目的のために建てられた大学ということになるわけですね。

私学は専門学校として、専門学校令が出されます。私学は大学ではなくて「高等学術技芸ヲ教授スル学校」となっていて、「研究」の文字が消えています（笑）。ただし予科を持つ学校、専門学校は「大学」と名乗って良いということで、慶應を筆頭に早稲田、明治、法政、中央と続きます。キリスト教学校は明治学院が一九二八年、東北学院、青山学院、同志社が一九二九年、関東学院が一九三〇年、関西学院が一九三三年に専門学校となり、立教、同志社にいたっては予科を持つ「大学」を目指すということになりました。そういう意味では大学になっていくのは立教、同志社ということで、青山学院、明治学院は専門学校ということになるわけです。その訳は、後でお話しします。

こうして、日本が国家主義と産業主義の渦中にあったときに、助け船が出てきました。これは何かというと、世界的なエキュメニカル運動です。国際宣教協議会、その後身である世界教会協議会（ＷＣＣ）の運動がそうです。時代背景は何かというと、社会主義が出現し、ロシア革命が起こります。そういう意味においては世界が共産化するんじゃないかということで、またアメリカの資本主義がイギリスの資本主義を凌駕するようになってきます。そうすると、アメリカはプロテスタントが盛んな国ですから世界に宣教師を送って、なんとか共産化を食い止めようということになります。皆さんご存じかもしれませんけども、国立大学の旧帝大と言われている大学のそばには、「学生ＹＭＣＡ」の寮があります。その頃、みんなアメリカからの寄付によって建てられた。だから何も宣教師の恩恵にあずかっているのは私立だけじゃなくて、国立大学もＹＭＣＡの活動を通じてそういう恩恵にあずかっていたということになるわけです。

さて、一九一〇年の教育同盟の結成については二つの解釈があります。一つは訓令第十二号を外すためにキリスト教学校が団結し、国家主義に対峙するため、という解釈です。私は資料を解読して分かったんですけれども、それだけじゃありません。キリスト教大学設立運動を利用して、日本に帝大に匹敵するようなキリスト教大学を作りたいという、先輩たちの幻があったということが分かってまいりました。何せアメリカの資本主義がバックにあって、できるならばイェール、ハーヴァードに負けないようなキリスト教大学を日本でも作りたい、エキュメニズムの高揚によって、そういった追い風が吹いているし、それを利用したいという思惑があったのです。

一九一〇年にスコットランドのエディンバラで世界宣教会議がありました。この宣教会議のテーマは「ヤングチャーチ」ということです。「ヤングチャーチ」というのは古いキリスト教国じゃない、アジアの、あるいはアフリカの発展途上国の教会を助けるという目的のために開かれた宣教会議でした。そこで、この会議に日本の代表者たちが出ていって日本にキリスト教大学が必要だっていうことを訴えたんです。これが教育同盟ができた年です。井深梶之助という明治学院の総理がエディンバラに行って流暢な英語で演説しました。日本にもキリスト教大学を作りたい、ということを訴えました。そういうことで、教育同盟というのは、エキュメニカルな大学を作りたいという動機もあった。これをきっかけに、宣教会議は継続委員会として残って、日本、中国、レバノン、イランから東はアメリカが、アフリカとか中東はイギリスが担当するということで、アメリカとイギリスの間で世界分割がなされたのです。それでアメリカからメソディスト教会のガウチャー――青山学院にガウチャーホールってありますよね――が来て、そして、事業に取りかかることになります。

基督教大学形成委員会が教育同盟の中にできます。教育同盟総会の第三回、第四回、第五回は大学設立を話し合いました。ところが、設立間際までできたんですが、できなかった。だから先ほど申しましたように、歴史は古いのですが、明治学院と青山学院は専門学校になってしまいました。青写真では、両校が力を合わせてキリスト教大学――国際基督教大学が戦後にできていますけども――戦前にキリスト教大学を作るということを掲げたんです。青山学院は青山に立派な土地がありますから、「連合」大学でいいじゃないかと。それぞれ自分のところの高等学校をお互いに連合して作ればいいじゃないか。何も同じキャンパスに集めなくてもいいじゃないかということを主張しました。他方、明治学院はキャンパスが狭かった――白金キャンパスは「うなぎの寝床」と言われています――まあできたら一緒になりたい。聖学院と関東学院と一緒に合同授業も進めて、「合同」のキリスト教大学を作ろうというところまで来ました。最後は青山学院の理事会が拒否して作れなかった。両校とも痛手を負ってしまいました。戦後まで両校が専門学校にとどまってしまった理由はそこなんです。

ただ戦前にできたキリスト教大学があります。東京女子大学がそうなんです。あそこは合同キリスト教大学の成功例です。基督教女子教育会というのができました。捜真女学校の校長カンヴァースの許で基督教女子教育会ができまして、男子校からなる教育同盟会と合併いたします。女子は、男子のように神学校を抱えておらず、それほど教派色が強くなかったですから、比較的合同しやすかったという事情がありました。キリスト教女学校も、訓令第十二号により私立学校令による各種学校に甘んじてきました。卒業生を専門学校に入学させるのに、高女ないしはそれ以上の実質を保持しながら、形式上、公教育制度の下になかったのです。大正期に入って高等女学校の数が激増し、一説によると男子の中学校よりも多いというような説もありますけども、女子の教育熱も相当なものでした。高等女学校卒業者の高等教育への要求が徐々に増える一方、合同女子キリスト教大学運動に参加した女学校では専門科・高等科廃止後の生き残りをかけて、四年間の指定校ということで、五年間の高等女学校なみの権利が欲しいということになりました。それでついに専門学校ができた。どこにできたかというと、青山女学院の英文、それから津田塾の英文、津田英学塾ですね。帝国女子専門学校、これはもうありませんけども、それから神戸女学院専門部、同志社女子専門学校、東京女子医科大学専門、聖心女子学院、当時女子の高等専門学校というのは、これだけだったんですね。東京女子医専とカトリックの聖心を除けばプロテスタントということになります。そしてこれらのプロテスタントの学校が高等教育部門を廃止して作ったのが東京女子大学です。そこに高等教育を一つにまとめようと。関東の青山女学院、東洋英和女学院、女子学院、フェリス女学院といった歴史のある学校が泣く泣く、高等科、専門科を廃止して東京女子大学の開学に協力いたします。一九一八年のことです。こうして、女子に関しては成功したのです。

戦中のキリスト教学校

さて、これまでの歴史は非常に発展した歴史というか、希望のある話だったんですが、一九三一年の満州事変から十五年戦争が始まってまいりますと、キリスト教学校は弾圧されていくわけです。典型的には、神社参拝の問題が大きいと思います。自分たちの教育本来の力が発揮できなくなってしまう。要するにキリスト教に基づく教育である以上、先生一体どっちを信じればいいんですか、と生徒たちに聞かれたときになんて言うか、ということです。

事件の発端は上智から始まりました。なぜかというと、プロテスタントは訓令第十二号に端を発して教育同盟が設立されて以来、国家というものがどんなものであるかについて分かるようになりました。そこに国家と対峙した経験があった。学校教育ではカトリックのほうが後発です。カトリックは幼稚園をたくさん持っており、今は多くの受験校がありますけど、高等教育、中等教育の学校は当時そんなにありません。上智、南山を代表に、プロテスタントほど高等教育の学校はないわけで、そういう意味で後発でした。

一九三二年に上智大学靖国参拝拒否事件というのが起こったわけです。治安維持法が一九二五年に出まして、そのときに配属将校を各大学は学校に受け入れることになりました。男子校においては配属将校がいないと兵役免除になりません。配属将校と一緒に靖国神社参拝に行った。その時頭を下げなかった学生が数人いてけしからんということになったんです。たぶん神学部のカトリックの青年たちだったと思います。一体何事かということで配属将校が烈火のごとく怒った。上智はドイツ系イエズス会の学校ですけども、イエズス会士のホフマン学長に詰め寄ったわけですね。学長は、生徒たちには「信教の自由」がある、と言ったんです。それじゃあ、われわれは引き上げるということになりました。引き上げられたら、男子校ですから訓令第十二号の場合と一緒です。学生が上智に行くメリットが無いんです。兵役の短縮がない。もうそれと卒業後士官になれない、ということになりまして、上智も経営難で苦しむことになります。

なんと配属将校の引き上げが一年半も続いた。軍もひどいことをするものですね。上智から引き上げて、

明治神宮を集団参拝する明治学院の学生

言ってみれば兵糧攻めに遭わせたわけですね。上智は配属将校の復帰を願い、修身科の教授に、あの内村鑑三不敬事件の際に批判の急先鋒に立った帝大教授の井上哲次郎を就任させました。ホフマン学長は配属将校が再配属されて来たときに「今上天皇万歳」を叫び、靖国神社に参拝に行ったそうです。それぐらいのことをやって上智はようやく経営的に成り立ったということになります。

プロテスタントはどうしたのかというと、これをそばで見ていただけでした。どういうことかというと、文部省通達に従うと言ったのです。何かというと、教育上の理由をあげ、神社に対する敬礼は信仰上の問題ではなく、愛国心と忠誠の表現であるとの見解、すなわち、「国民儀礼」だと表現したのです。ここですね。私は日本の神社参拝の問題点はこれだと思います。キリスト教会が膝を屈したというけれども、罪責意識があまりないというのは、やはり国民教育として受け入れたんだと思います。愛国教育です。国民ならばその意志を示しなさい、神社で頭を下げなさいってことを言われ、それを受け入れたのです。上の写真は靖国神社に行く、たぶん明治学院高等部の生徒たちですけども、身長の高い順です。やっぱり体力がある連中から、体の大きい順から並んでいます。これが当時の愛国心の表現でした。

そしてプロテスタントは自分たちの側から神社参拝に行くとは言わな

い。大正デモクラシーのときは訓令第十二号を廃止せよ、それから神社参拝も非常に問題だということを言ってたんですけども。もう十五年戦争が始まってからは何も言いません。文部省通達にわれわれは従うだけです、ということを言うわけです。これは言ってみれば「国民儀礼」だから信仰とのミスマッチはないというような見解の下に進んでいったのです。

私は韓国に行った際に次のような経験をしたことがあります。明治学院はプレズビテリアン、すなわち、長老派の学校なんで姉妹校が各国にあります。ソウルにはスンシルという学校があります。スンシルはもともと、平壌にありました。平壌は北長老派の宣教師が伝道して「アジアのエルサレム」と言われたぐらい、キリスト教が盛んだったところです。金日成がメソディストの教会学校に通っていたって皆さんご存じですか。ところが、平壌にあったスンシル学校が廃校になりました。どうして廃校になったか、この人たちは神社参拝をしなかった。日本のプロテスタントと違ってしなかった。そして廃校の憂き目にあって、戦後、朝鮮戦争が終わった後に「信教の自由」のあるソウルで学校を再建した。私はソウルにあるスンシル大学を訪問した折に、このキャンパスにある白馬の像――ヨハネ黙示録に出てくるあの白馬ですよ。それから高麗民族を象徴するあの白馬です、ということで――の前に立たされました。そしたら金学長が私にこう聞くわけですよ。「先生、ようこそいらっしゃいました。この像にブランクがあるのが分か

スンシル大学のシンボル・白馬の像

りますか」って。「なんでつながってないのか分かりますか」。私は、神社参拝拒否による平壌の迫害を知っていましたから、「これは神社参拝の拒否によってこの学校が廃止され、ソウルで再建されるまでのブランクを表現しているのですね」と答えました。「そうです」。「じゃあ先生、学長室でコーヒーを飲みながら話しましょう」ということになったんです。なんか試されているみたいなところがありまして、やはり厳しいなあと思いました。ほんとにそういう意味では、神社参拝を強制したことを言葉にして良かったなと思いましたけれども、最後に平和と和解のお祈りをして金学長とはお別れしました。この学校が平壌にあり続け、信教の自由が許されていたら、名門校になっていたはずです。それこそソウルにある延世大学と同じような学校だったと思います。

台湾にも長栄大学という台南市にある学校があります。戦前は長老教中学という中等教育の学校だけでした。私は、学長のときにそこの卒業生の玉金河さんという方に名誉学位を差し上げたんです。この方は、鳥脚病という台湾の風土病ですが、ヒ素が原因だと思いますけども、足がだんだん萎えていく病気があって、その治療に専念した方です。長老教中学を経て、明治学院を卒業、アジアの卒業生に初めて名誉学位を差し上げたんです。その方が、ご自分について、学位授与式で、こんなことを告白しました。私は、ちょうど一九三三年（日本のファシズムの最盛期）に長老教中学に在学していたんです。そして明治学院を卒業してから、東京医専（現東京医科大学）に進んで、そして医者として台湾に帰ったんです。それで明治学院に入る前に、ほんとになんで自分の学校では、神社参拝をさせるんだろうとか、悔しくて、悔しくて仕方がなかった、と。その原因というのは、退役軍人や在留邦人たちが日本の植民地の学校なのにどうして神社参拝させせないのかと騒ぎ立てたことにあります。それを聞いていて、「ああ、なるほどな、これは傷が深いな」と思いました。

今でも教育同盟の研修会なんかに呼ばれたときに、キリスト教学校教育史の中の心残りはこれですと、植民地におけるキリスト教学校の話をします。要するに日本のキリスト教学校は神社参拝を受け入れ、植民地のキリスト教学校の惨状には沈黙した。訓令第十二号のときにあんなに頑張ったのに、どうして神社参拝のときは頑張らなかったかというのは、やはり悔いが残る話だということを、新しい先生方に伝えてます。

1937年、東山荘で行われた第10回夏期学校

戦争が激しくなるとキリスト教教育もねじ曲げられてまいります。「我が基督教主義学校は基督の福音を仰いで……その感化により霊性の啓発人格の陶冶を図り、自覚ある国民を養成し、以って国運の振興」という言葉で自分たちを表現するように変わってまいります。当時の聖書教科書の中ではこんな教えも出てきます。すなわち、イエス様は愛国者でした、と。次第に聖書教育の内実がねじ曲げられていくのです。こんなことがあって、御殿場東山荘で行われた教育同盟の夏期学校では、教員の啓発、自覚ある国民の養成というテーマが大事にされてくるということになります。

戦後のキリスト教学校

戦争は日本の敗戦で終結しました。そうすると訓令第十二号が外されて何が出てきたかというと、訓令第八号が出てまいります。訓令第八号は何かというと、「第十二号ニ拘ラズ法令ニ定メラレタル課程ノ外ニ於テ左記条項ニ依リ宗教上ノ教育ヲ施シ又ハ宗教上ノ儀式ヲ行フコトヲ得」と書いてあるんです。この「得」って驚きの「えっ」ですか（笑）。ほんとに驚いた。「生徒ノ信教ノ自由ヲ妨害セザル方法ニ依ルベシ」、「特定ノ宗教派等ノ教育ヲ施シ又ハ儀式ヲ行フ」ということを書いているわけですね。「学則ニ明示スベシ」云々とも書いてある。前田多聞という人はクエイカー教徒であった文部大臣ですけど、一〇月一五日にこういう法令が出てくる。しかしながら、学校現場では教育勅語を引き続きしばらく持っていたようです。敗戦ですぐ捨てたわけじゃない。けれども、こういう訓令第八号が出てまいりましたので、これからは公然とキリスト教教育ができるんだということがこの訓令第八号で保証されたということになります。

さて戦後のキリスト教学校です。教育同盟のほうもこういうことを言います。「我々は神と人の前に拭うべからざる罪過を犯した」（「新日本建設に対する基督教教育の使命」）と。教育基本法（一九四七年）が出てまいります。日本国憲法ということで三つの柱ということがうたわれます。北米八ミッションによる支援団体（ＩＢＣ）からの援助がありました。これは北米の八教派が、戦後日本のキリスト教の惨状に対して援助を開始したということです。学校、教会、それから社会福祉施設、これらのところに援助が北米のプロテスタント八教会からやってくるということになります。だいたい調べましたけれども、経常経費の一割ぐらい、戦前は半分ぐらいもらった学校がありますけれども、戦後は一割ぐらいがＩＢＣのほうから支給されたということです。これは一九七一年ぐらいまで、戦後二五年間続きました。特に広島、長崎の学校には手厚くこの援助がなされたということでありました。

一九五三年、ついにアメリカからの援助が主ですが、国際基督教大学（ＩＣＵ）を開学します。理事会は日本でも寄付を募りますけど、アメリカで寄付を募るという形でやりました。戦前のキリスト教大学を夢見た指導者たちはおそらくこれを作りたかったんだと思います。戦後中島飛行機工場跡地にできたものはこれだったのです。敗戦後インターナショナルな大学を開学できた。ただこれも遠慮しいしいです。英文科はＩＣＵにありませんよね。なぜならば既存の青山学院とか明治学院の英文科を侵害しちゃいけないということで作らなかった。教育専攻ならばいいでしょうということです。経済学部についていえば、ＩＣＵは教養学部ですから経済学部を作る必要はなかったと思うのですけど、やはり重複を避けていった。

これはおそらく当時の指導者たちの間で新興勢力に対する葛藤があったと思いますけど、戦前のキリスト教大学設立運動の「意図せざる結果」でもあったということになります。

おもしろいのは、キリスト教学校が戦後当初の高等教育をリードした、ということです。全国の大学の学生の伸び率に対して、キリスト教学校教育同盟加盟校の学生の伸び率は高いのです。それで、先ほど申しましたように、一九七一年頃援助は無くなります。その理由は、宣教団が日本に宣教しても効果が無いということ、今後はアフリカの学校に援助したい、ということもさることながら、国庫助成というのが給付されるようになったからです。私学共済事業団というのが設立されて、国庫による私学助成援助ができたんで、ミッションからの援助が必要なくなったと言っても間違いはないと思います。しかし、国庫助成をもらっていながら、「信教の自由」が守れるのか、宗教教育をしていいのかっていう議論もあります。ま

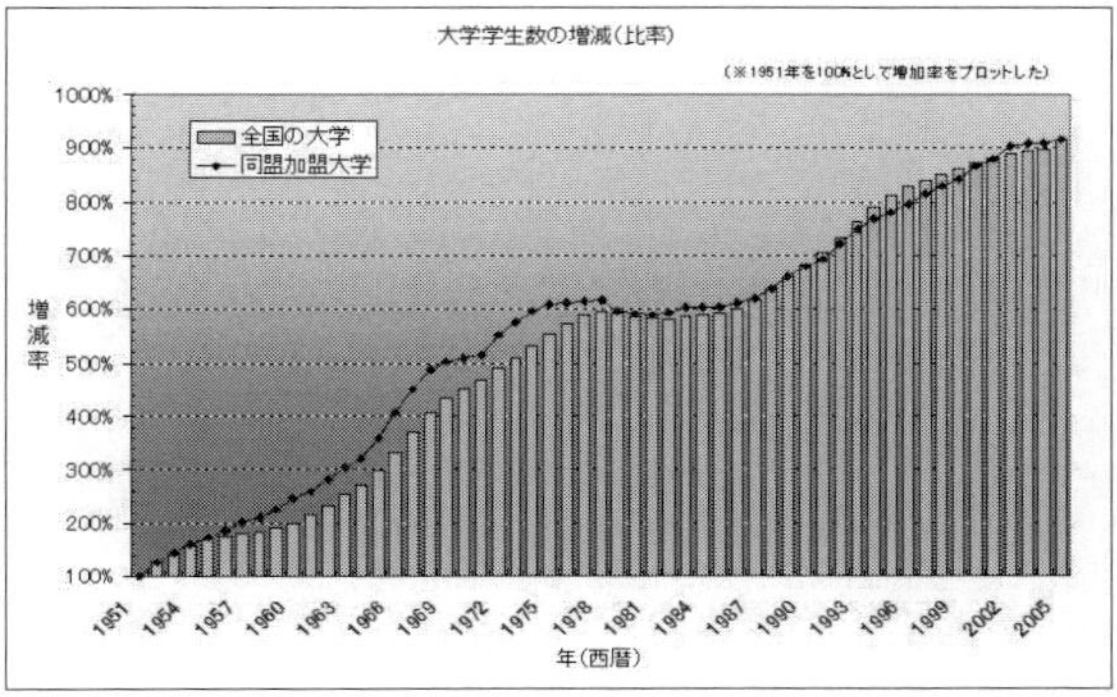

大学学生数の増減

たミッションからの支援が打ち切りになりますと、一九七三年にＩＢＣはＪＮＡＣ（北米宣教協力会）になります。一九七五年に物的支援が止まり、残念なことに教育同盟はＮＣＣＪ（日本キリスト教協議会）を脱退するということが起こってまいります。

「キリスト教教育」論争史

次は、論争史です。これはキリスト教教育っていうのは何かということです。キリスト教学校と言うけれども中身はどんな教育をしているのか。これは教育する者が自覚して教えなきゃいけないことですし、キリスト教学校の法人役員や構成員もこれを考えなきゃいけないことなんです。まず、中身について話したいと思います。

まず、明治・大正期のキリスト教教育についての話です。有名なのは、新島襄の同志社大学設立の趣旨です。「科学文学の智識を学習せしむるに留まらず、これを学習せしむるに加えて、更にこれらの知識を運用するの品行と精神を養成」する。それから、そのような品行と精神は「上帝を信じ――上帝っていうのは神、固有名詞のGodです――真理を愛し、人情を敦くするキリスト教主義の道徳」によって初めて可能となる。新島襄は京都で、もう儒教道徳じゃ駄目だ、と言いました。儒教道徳は廃れた、これからは上帝を信じ、真理を愛し、人情をあつくするキリスト教教育を私たちはやっていくんだ、と宣言します。

明治学院の総理であり、初代教育同盟の会長である井深梶之助はなんて言っていたかということです。新島襄の奥さんの八重も会津出身でしたが、井深梶之助も会津出身です。白虎隊に一歳年少で入れなかった。白虎隊は一五歳からだから一四歳だった。それで横浜に出て来て英学を勉強して、自分はまた敵を討つと勇ましいですけれども、宣教師から、右の頬を打たれたら左の頬を出せ、と言われて、俺は何を考えていたんだろうということを考え始めるわけです。その井深が次のように言うわけです。「中等教育のみならず大学教育までキリスト教の感化の中で受けさせ、キリスト教的品性が養成されることを希望する」。先ほど品行という言葉が出てきましたが、ここでは品性という言葉が出てきます。日本の指導者たるべき人物をキリスト教化し、国民全体をキリスト教化すべきであるとすれば、直接伝道のための教会を建設するだけでなくて、最高の教育機関を設けてキリスト教的人物を養成することが必要である、と。品性とか人物とか精神という言葉が出てまいります、やはり明治です。

こういった言葉遣いから離れて、私たちにキリスト教教育とは何かを教えてくれたのが東北学院の院長をしたシュネーダーです。シュネーダーは「基督教教育総合方針」（一九一七年）で、英文でキリスト教教育とは何かということを書きました。どんなことを書いたのかということですが、「われわれの教育の中心的な目標は、政府の教育を補完することによって国に役立つのを一義的にしない。大規模で、成功した、有力なキリスト教学校を立ち上げることでもない。またキリスト者の改宗者を得ることでもない」と言います。宣教師がここまで言っていいんですかって、逆に聞きたくなりますよね。改宗教育をしないって言ったら宣教師は引き上げて来いって言われないかと思うんですけども、そんなことをはっきりと言います。キリスト教教育の目的について、シュネーダーはこう言います。「ある種の人間類型（a certain type of men）を作りあげることでなければならない。どんなタイプの人間を育てるべきなのだろうか。これがわれわれの教育政策全体の重要な問題であるように思われる」。「消極的にいうならば、風潮に流されたり、人間が置かれた環境に素直に服従しない人間であるべきである。積極的にいうならば、自らの目的のために真理を考えたり、愛したりする人で、その知識は消化されており、記憶とされた事実の単なる集合体であるよりも現実的なものである」。要するに何を言いたいのかというと、風潮に流されたり、世間に丸め込まれたりする人間ではない人間。積極的に言うならば自分で真理を愛することができる人。または他人を愛するということができる人。そしてその知識は、実用的で現実的なものじゃないといけないということになるわけです。

「道徳的に人間は、なかんずく、キリストの霊、奉仕と自己犠牲の霊によって支配される人格を持つ。すなわち、人間はまた清潔で、公正で、誉れ高きものであり、真理と正義を成功よりも高く位置づける。すなわち、その義務や従者や国民に対して深い責任感を持つ人である。改革者になる勇気をもつ人であり、救済者になるための愛情や共感や友情をもつ人である」。これがキリスト教教育の目的だということを分かりやすく言ってくれているわけです。品位とか言われてもなかなか分かんないですけど、こういうふうにかみ砕いて言われてみると、なるほどな、ということが分かってまいります。

次は、大正期の新渡戸稲造のものです。これは東京女子大学の卒業式の式辞ですけれども、ジュネーヴの国際連盟にいて学長でありながら出席できなかったので、手紙で書いた文面です。「世の所謂小者（いとちいさきもの）をも神の子と見做し、知識よりも見識、学問よりも人格を尊び、人材よりも人物の養成に重きをおくこと、つまりキリスト教主義による人格主義、個性主義の教育を目標とす」。人物ということがよく出てきますけれども、人物とは一体何かというと、私も調べたのですが、人格が発揮される人のことを人物という。この人は人物だって最近あまりそういう言い方をしなくなりましたけども、この人は人物だね、という人を想定しているということになるわけです。

戦後、じゃあどういうことが言えるのか。ミッションスクールからキリスト教学校へということが意識されます。戦前はミッションスクールということが言われてきた。それを一応否定はしているんですけれども、あまり強く否定はしなかった。ミッションスクールって何かと言うと経済的文化的に高いところから低いところに伝えていくという意味があります。ですから植民地の学校、そういうのはミッションスクールと言っても過言ではありません。つまり、経営の主体がミッションであり、従って経済的支援をミッションに仰いでいる。要するに外国からお金をもらっていて、自立的な人格を説いてもなかなか説得力がないですよね。ミッションは伝道のために教育施設を手段としても扱う。伝道地の文化がミッションの本国に比して後進的であり、文化的優越感を保っている状態です。戦後、これらの諸条件が成立しなくなった、と考えて、ミッションスクールという呼称を用いないということになりました。日本も経済的に発展してきて、自信を得てきたということにもなります。

これに一番反応したのは、関西学院の松村克己です。「宗教と教育」という論文を書きまして、こんなことを言っているんです。松村は、二種類のキリスト教教育がある、ということを言います。一つはキリスト教を目的ないし目標とする教育です。これを松村は、「キリスト教教育」と言います。ところがもう一つの教育は何かというと、教育を主としてこれをキリスト教によって行う教育です。普通教育をキリスト教に基づいて教えるキリスト教学校があてはまります。松村は、これを「キリスト教主義教育」と言いました。現在でも、関西学院は「キリスト教主義教育」という言葉を使い続けています。その根拠を松村はこういいます。後者の「キリスト教主義教育」では、Faith in Christを理解に訴えて教えることはできる。何を教えられるかというと、クリスチャンであるということは教えられないかもしれないけど、「キリストにある信仰」っていうのはどういうものであるかということは教えられます。これはキリスト教の歴史を教えたりすると、なるほどなと生徒たちは分かってくる。ところが、前者のキリスト教を目的とする教育にとって重要なChristian Faithは、知識よりも実存的なキリスト教理解が必要とされるので、教会では教えられても、学校では教えられないと松村は言うのです。要するに、教会で行われるような実存的なキリスト教教育と学校で行われるキリスト教教育——松村は「キリスト教主義教育」と言いますが——は違うということを言い表しているのです。そして松村は、学校のキリスト教教育は二段階だと補足します。キリスト教をまず教える、そしてそのあとに、キリスト教への回心があるということになります。確かに、クリスチャンになる人で、キリスト教学校の卒業者は覚悟して教会に来る人が結構います。ですからクリスチャンになっても教会から離れない人の割合は、キリスト教学校出身者のほうが多いといわれています。やはりキリスト教というのは何かということを知ったうえで、キリスト教会の門をたたくものですから、ある種覚悟をしてきている。

それに対して赤城泰は、北星学園大学の学長ですけど、こういう反発をいたします。礼拝無きキリスト教学校というのはあり得ない。かつて学校と教会というのは一体だった、と。それが枝分かれしたのだから、キリスト教学校というのは礼拝のある学校であり、宗教性を持ってそれを教えるということがなぜ悪いんだと反論します。礼拝する学校。礼拝がキリスト教教育に役立つからではなくて、まさにキリスト教教育の目標とするところは、まことの礼拝であるということになる。こうすると教会と学校は区別できなくなるという反論に対して、断固として学校礼拝を守り、キリスト教教育を守るんだ、というのが赤城の考えです。

では、現代はどういう時代になっているのか。実はキリスト教学校、その数は明治になって増えたんですけれども、構成員のクリスチャン比率は現在ますます減ってしまっています。とくに、高等教育において、教会からキリスト教学校の先生になる人がいなくなってきたという現実があります。担当者はクリスチャンでなければならないというクリスチャンコードの問題がそうでありまして、二〇〇二年、院長にコードを課している学校は八三パーセント、理事長は六五パーセント、学長六六、校長八〇パーセント。まあ言ってみればクリスチャンの教員の割合も、大学は二九パーセント、中高教員は三五パーセント、事務職員は二四パーセントということになりますね。私が三五年前に明治学院に奉職したときは、経済学部三八名ぐらいの教員数でしたけど七人か八人のクリスチャンの教員がいました。今は三人です。もう祈禱の順番が教授会の度に毎回のように回ってくるんですね。ひどいところになると、キリスト的ではないと思うのですが、四月の教授会で、一年分まとめて祈禱する学部もあります。クリスチャンの先生が足りないのです。専任教職員がクリスチャンであることが難しくなってきている。そういう状況を私たちは迎えております。

東京女子大学の教育学の教授松川茂夫は、このような状況の中で、キリスト教に基づく教育というのは何か、というのを考えました。松川は、キリスト教学校の教育は公教育でもあると言います。イギリスではパブリックスクールっていうのは、実は私学ではないかというわけです。日本では、パブリックスクールっていうと直訳されて公立の学校だと思われているけれど、それは設置の主体の問題であって、私立であれ、学校教育が公的に果たしている役割は大きい。だから、キリスト教学校は、パブリック、公衆のための教育を目的とする限り、パブリックスクールだと、言っているわけです。その場合、クリスチャンでない先生方と共に担っていかなきゃならない、お互いに理解をしあいながら担っていかないといけないということを指摘しています。明治学院の私の前任の久世了学院長ですけれども、つぎのようなことを言っています。「わが国の学校教育一般の課題を考えるとき、単なる知識の伝授でもなければ、……世界市民たり得る良い性格を持った個人を形成すること（character building）こそが強調されなければならない」。「この character は『超越なるものの存在への感覚』なくして果たして可能なのであろうか」ということを問わなくてはいけない。「その感覚を身に付けさせる手段として、われわれの学校がキリスト教を知らしめるという点で豊富な資源を有している」。これはクリスチャンでない先生方もこの点には絶大なるメリットを持っていると、久世は言っているわけです。

私は経済学部におりますので、中国の証券会社の董事長（社長）をキャンパスに案内したことがあります。チャペルを案内したときに、中国の偉い方ですからどんな反応をするのか、私も気にしておりました。しばらくチャペルに佇んでいるのですね。中国の大学ではチャペルがある学校は無いのではないですかと尋ねたら、こういう場所が必要でしょうね、と言われました。中国の指導者には、理解ある方がいるのだなとも思いました。人格教育っていうのは一体何かということを考えるに、やはり絶対、超越なるものの存在がなければ、人間が超越者になってしまうということに対する恐れがある、ということをやはり教えるべきではないでしょうか。

さて、道徳教育が、いよいよ小学校から始まりました、今年二〇一八年から始まりました。教科化で、教科書もあります。そして、今後、来年から中学でも始まるということです。キリスト教学校の場合は、皆さんご承知のとおり、戦後、道徳は聖書科の授業で置き換えていいということが認められていますので、聖書を教えれば、道徳の教科書を使わなくてよいということになっています。ただそういうことでいいのか、それで楽観視していていいのか、ということです。文科省や世間は、キリスト教学校はどんな道徳教育をしているか、虎視眈々と見ています。日本の精神風土に着目するとき、オウム真理教のような宗教が再び出現して、世間を混乱に陥れたときに、宗教教育自体がおかしいのではと言われかねない状況にあるということを自覚しなければならないと思います。その時、私たちは果たしてどれだけ説明責任を果たしていけるのかということです。自分たちが何を教えているかということに、やはり自覚的に取り組み、研究して、具体的に説明責任を果たしていくことが大切です。戦前の教育同盟の資料を読んでいたときに、ショッキングなコメントに出会いました。中高の教員ですけれども、修身の教科化によって、これでようやく純粋の聖書教育ができる、学問として聖書教育ができるようになったとコメントしているのです。今道徳の時間での代替として聖書を担当する先生が、道徳の教科書化によって、これでようやく純粋の聖書研究ができるようになったとコメントするとしたら、過去の轍を踏むことになりかねないのではないでしょうか。

教育基本法も変わってまいりました。それは何かと言うと、文化と伝統を尊重し郷土愛という言葉が前面に出てきた。戦前の神社参拝は「国民儀礼」でした。伝統を背景とした社会的通念として神社参拝が強制されたことを思い出さざるをえません。二度とそういうことが無いことを祈りますけれども、注意しなければならない点です。キリスト教学校教育へのチャレンジという点でいえば、個人の尊厳の擁護のみならず、ニヒリズムやエゴイズムという戦後社会の風潮を生み出した社会的規範力の低下という問題に対して、キリスト教教育がどのように応えていくのかという点も意識していかなければなりません。

未来への模索

未来の模索ということで、二〇一〇年の総会のときに、教育同盟は変わってまいりまして、改革を実施しました。研修プログラムに力を入れるようになっています。その際に五つの提言をしました。これは『キリスト教学校教育同盟百年史』の最終章に、私が書いた事柄でもあります。

一、キリスト教教育の理念の明確化

二、エキュメニズムによる発展の追求。学校ですから、教会と違って教派を越えて私たちは結び合える。キリスト教教育というものを学び合えるということがあります。

三、異質なものとの共存、弱者への眼差し。教育現場における実践の課題です。

四、キリスト教教育の存立の基盤。担い手養成のために、研修制度を含めて、クリスチャン教員の減少に対する施策を実行していかなければならない。

五、組織改革の必要性ということを言いました。

そういうような形で五つの提言で、未来へとつなげていきたいというふうに考えています。今カトリック学校との共通のプログラムをもっております。カトリック学校もずいぶん学生が多くて、合わせると日本の学校教育の十数パーセントでしょうか。かなりの数になっております。

最後ですね、私が経験したことを話します。東日本大震災のときに学長をやっていたものですから、学生たちがボランティアで三陸にまいりました。そのとき、差し入れをもって学生のボランティアの現場を訪れました。東北学院大学がキーステーションになってくれたのですけども、他にボランティアに来ている大学がいくつかありました。そのうちの多くがキリスト教大学だったということも重要なポイントではないかと思います。そんなことがあって、キリスト教教育の未来を、ともに分かちあえたら幸いです。

ご清聴、ありがとうございました。

第5章

近代日本におけるキリスト教と女性

小檜山ルイ

はじめに

ご紹介ありがとうございます。今日は女性が多いので、うれしいです。私は女子大学でいつも話をしているので、リラックスしてお話できそうです。もちろん男性も大歓迎です。

キリスト教の世界では女性が話の中心に据えられることはあまりありません。今回の連続講演会も複数の講師が話されますが、女性は私一人で、女性をテーマにしたものもこれだけです。実はキリスト教の教会は、女性がいなかったらたぶんつまらないと思います。例えば、愛餐会の用意をするのはほとんどが女性で、それがなかったら教会の魅力は半減してしまうでしょう。非常に重要な役割を果たしているにもかかわらず、女性はなぜあまり取り上げられないのか、という抗議の気持ちが研究者としての私の中にはあります。歴史の中に埋もれてしまった女性の存在を何とか拾い上げるということに、研究者としての使命を感じてこれまでやってきました。

女性の存在を拾い上げるのはとても難しいです。なぜなら男性の場合には事務局やそれを収容する建物があり、文書がそういう場所に残っています。ところが女性の活動は多くの場合、家が事務所です。キッチンテーブルを囲み、話し合ったり、ドキュメントを作ったりします。アメリカでもそうなのです。だから、その活動が終わると記録が捨てられてしまうことが多い。家の中に置いておくと邪魔になるからです。ですので、かろうじて残った文書を探しだすだけでも大変な労苦があります。見えないものを見えるようにするというのはなかなか大変な作業です。それが女性のことが歴史の中に浮上してこない理由の一つだと思います。今日は、そうした困難を押して、キリスト教が日本に伝えられた際、女性がどのような役割を果たしたのか、男性を中心とする社会構造にどういう影響を与えたのかということについて少しお話ししたいと思います。

宣教師が伝えた「ホーム」という概念

プロテスタント・キリスト教の宣教師が日本にキリスト教を伝えたとき、女子教育が重要な仕事の一つだったことはよく知られています。明治以来の伝統がある女学校がいくつもあります。そして宣教師は、その時代にあって進んだ教育――私の勤めている東京女子大学もそうですが――に大きな使命を果たしたというイメージがあるのではないでしょうか。

けれども、今日は少し違う視点からお話ししたいと思います。宣教師が行った女子教育の中でもっとも社会的インパクトが大きかったのはいったい何か、ということを私は問いたいと思います。宣教師が教えた内容は、キリスト教、英語、様々な学知、編み物・裁縫、音楽、看護、体育などでした。教科は大事ですが、日本社会一般にとって、宣教師の女子教育の中で一番影響が大きかったのは、結婚への介入だと私は思います。「ホーム」という概念を伝えたのは北米出身のプロテスタント女性宣教師でした。具体的に寄宿学校という疑似「ホーム」を運営し、手本を見せ、アメリカ流の良妻賢母・専業主婦の概念を伝え、さらに、生徒たちに「愛ある結婚」を奨励し、結婚後「ホーム」を作らせようとしたのです。このことが女子教育の中で最も注目されるべきことだと私は最近よく主張しています。つまり、学知を伝えたことよりも、少なくとも明治期の日本では、むしろアメリカ的な専業主婦、アメリカ版良妻賢母のあり方――近代的な新しい考えでした――を伝えたことが、女性宣教師が女子教育を通じ日本社会に与えた一番大きなインパクトであったと思っています。

今日の講演の流れ

最初に、日本におけるプロテスタント・キリスト教伝道の主力は北米からもたらされたことをお話しします。次にその北米のプロテスタント伝道は、女性が主力であったことを紹介します。実は、一九世紀アメリカにおける福音主義キリスト教は女性化しており、女性の政治文化の基盤になっていました。また、キリスト教徒の再生産を担うのは女性が司る「ホーム」でした。アメリカ社会で、ホームは教会に次いで重要なキリスト教を支える機関でした。宣教師にとって、キリスト教を広めることは一番重要な職業的使命だったわけですが、「クリスチャン・ホーム」の形成なしには世代を超えてキリスト教を伝えることはできません。だからキリスト教徒同士の結婚は、宣教師の伝道事業において重要な関心事の一つでした。そういう話をいたします。

そのあとに、宣教師が入ってきたとき、明治期に一般的であった日本の男女関係や結婚の制度はどういうものだったのかを紹介します。次いで宣教師はその日本的状況にミッション・スクールを通じてどのような介入をしたかという問題についてお話ししたいと思います。ミッション・スクールは、「ホーム」の概念を伝達するための重要機関になっていくわけですが、そこで宣教師は生徒の結婚に具体的に介入したのです。例えば、自分たちの学校の中に出会いの場を作りました。その成果としてのキリスト教徒同士の結婚例も、年代順に紹介したいと思います。

その過程で「愛ある結婚」という概念がキリスト教徒の中で広まっていきます。それを追求する中で、平塚らいてうの登場よりかなり前に、「新しい女」の先駆けがキリスト教徒のコミュニティの中から出たのだ、という話をしたいと思います。最後にカトリックについて若干の付言をしたいのですが、これはまだ私の研究の足りない分野ですので、少し付け加えるにとどめたいと思います。これが本日の話の全体の流れになっています。

北米から来たキリスト教

最初にプロテスタント伝道の主力は北米から来たことを数字でお示ししたいと思います。例えば、一九一〇年、日本におけるプロテスタント伝道に携わった宣教師のなかで、北米勢力がどのような割合であったかを示した統計があります。総数は一〇二九人、北米出自が七七一人、英国出自が一九一人、圧倒的に北米が多い[1]。北米にはカナダが含まれています。一般的には、カナダはイギリスだったとする場合もあるのですが、地政学的な理由もあり、この統計では、カナダは北米大陸の中に分類されています。イギリスから完全に独立はしていませんでしたけれども、隣のアメリカの影響が非常に強いところだという理解に基づいています。実際、私の所属する東京女子大学が教派協力で立ち上がったときも、カナダ・メソジストは他のアメリカの教派の伝道局との密接な協力関係に入りました。日本と朝鮮は圧倒的に北米の宣教師が多いところです。中国は北米がやや多く、インドになるとイギリス出身の宣教師が多くなります[2]。アジア全体を見たとき、伝道という意味では日本はアメリカの領土です。その中での女性の勢力の話をいたしますと、同じ統計で見ると、世界全体では女は男の一・一九倍ですが、北米出自が多い日本では一・七九倍で、女性宣教師が圧倒的に多いです。イギリス出自が多いインドでは一・五六倍です。北米出自の宣教師集団において女性化の度合いが強かったことが、こうした数字からわかるわけです。南アフリカはヨーロッパ出自が多いのですけれども、〇・七倍になって男性の方が多くなっています。[3]

もうひとつ統計を挙げます。これはフルベッキが挙げている一八八〇年の数字（イギリス系を含む）で、既婚男子宣教師数八一人、独身男子宣教師数八人、既婚女子宣教師数八一人です。そして独身女子宣教師が五六人ですので、一八八〇年頃に日本に居た宣教師のうち約六五パーセントが女性です。[4] 既婚の女性宣教師は宣教師ではなく夫についてきただけだと思われるかもしれませんが、そうではありません。既婚の

1910年日本におけるプロテスタント伝道と北米勢力

（単位：人）

国	総数	北米	英
日本	1029	771	191
朝鮮	307	254	30
中国	4197	1812	1065
インド	4635	1667	2016

出典：小檜山ルイ「アメリカにおける海外伝道の文脈とその現在」『日本研究』30（2005年3月）、80-81頁

海外伝道における女性の勢力（1）

1910年の統計

- 世界全体では、女は男の**1.19**倍
- 北米出自が多い日本では、**1.79**倍
- イギリス出自が多いインドでは、**1.56**倍
- 欧州出自が多い南アフリカでは、**0.7**倍

出典：小檜山ルイ「アメリカにおける海外伝道の文脈とその現在」『日本研究』30（2005年3月）、80頁

海外伝道における女性の勢力（2）

1880年の日本における累計

- 既婚男子宣教師数　**81**人
- 独身男子宣教師数　**8**人
- 既婚女子宣教師数　**81**人
- 独身女子宣教師数　**56**人

出典：G. F. フルベッキ『日本プロテスタント伝道史』2、巻末統計表より計算

●アメリカ本土における婦人伝道局の重要性については、小檜山ルイ『帝国の福音――ルーシィ・ピーボディとアメリカの海外伝道』（東京大学出版会、2019年）を参照。

女性宣教師も一応準宣教師（assistant）として任命されていました。もちろん按手礼がないので、洗礼などはできませんが、多くの場合、男性宣教師は、渡航する直前に宣教師になりたい女性を見つけて結婚しました。ですから宣教師の妻は、宣教師としての自意識を持った、そして正式に任命された女性たちですので、この人たちも宣教師として勘定するのに不合理はないということです。(5)つまり、少なくとも一八八〇年頃に日本に居た宣教師の六五パーセント位は女性だったということです。

第二次大覚醒の影響

なぜ、女性化が起こったのかという問題を次に説明してみます。それには第二次大覚醒が大いに関与しています。アメリカでは、霊の降臨が継続的に起きた時代がいくつもあります。第二次大覚醒は一七九〇年代から一八四〇年代までと言われています。このときに本日の会場の教文館のもとになったメソジスト、そしてバプテストが勢力を伸ばしました。この運動は南西部に発生しますが、やがてアメリカ合衆国全土に広がっていきます。ニューヨーク州北西部はリヴァイイヴァルが多発したので、「焼き尽くされた地域」(Burned-Over District）と呼ばれました。リヴァイイヴァルで焼きつくされたという意味です。この時代の有名なリヴァイイヴァリストというと、チャールズ・フィニがいます。また、ジョセフ・スミスもこの中から出てきます。スミスはニューヨーク北西部の出身で、モルモン教を起こしました。リヴァイイヴァルは新興宗教も生んだのです。(6)

この第二次大覚醒のときに多用されたのがキャンプ・ミーティングと呼ばれる野外での説教大会です。一週間くらい続くので、テントを張って泊まって参加したりします。そしてここに掲げた絵にあるように、

キャンプ・ミーティング（米国議会図書館所蔵）

女性が多いのです。だいたいどの絵を見ても女性が多いです。このキャンプ・ミーティングが、キリスト教教会のサマースクールの原型だと思います。リヴァイヴァル集会は、現代の野外ロック・フェスティヴァルのような、娯楽の一つでもあります。フロンティアではほとんど娯楽がないので、リヴァイヴァルの説教師が来て、七日間連続説教があると、近隣から皆、馬車などに乗ってやって来るわけです。説教だけがあったのではなくて、賛美歌などを大きな声で歌い、その他いろいろな催しが周辺で開かれて、その中で回心していきました。(7)

リヴァイヴァルの力学

では、このリヴァイヴァルの力学とは何だったのでしょう。ここで強調したいのは宗教を通じての平等の獲得、という側面です。アメリカは第二次大覚醒の少し前一七八三年に、イギリスから正式に独立しました。そして自由と平等を標榜して共和国を立ち上げました。共和国というのは生まれながらの支配層（王や貴族）がいない国です。皆平等で皆自由で、幸福の追求（Pursuit of Happiness）が許されている、そういうところとしてアメリカ合衆国は構想されたわけです。

しかし実際には不平等はありました。そして、女性はその不平等を被った最たるグループの一つでした。アメリカ独立革命のとき女性も資金集め、銃後の守り、戦闘等で活躍しました。しかし戦争が終わったときに女性はその活躍に見合った処遇を与えられませんでした。イギリス慣習法（コモンロー）の中の女性は、結婚すると法的人格はなくなって夫に吸収されます。英語でコヴァチャ（coverture）と言います。例えば女性が外に出てアルバイトをしてお金を稼いだら、その稼いだお金は夫のものになります。なぜかというと、夫が牛を飼っていて、牛を貸す場合、その借り賃は、持ち主に払います。コヴァチャの状態にある女は、その牛と同じなのです。これはイギリス慣習法にあったものですけれども、アメリカの共和国でもこの原則は維持されました。もちろん女性には選挙権は与えられませんでした。なぜなら、女性は結婚してしまうと夫の人格の中に取り込まれてしまいますので、独立した政治的判断ができない存在として構築されたのです。つまり妻は、夫と同様に投票するに違いない、だからもし女性に選挙権を与えたら、結婚した男は二票持つことになります。したがって女性には選挙権を与えるわけにはいかないという理屈です。市民とは誰かと問われたら、市民の中には女性も入っているような印象を持ちますが、実は女性は十全な市民ではない、二級市民としての立場が続いていたのです。

第二次大覚醒の力学は、このような女性を典型とする不平等状態に対する異議申し立てです。イギリス社会には身分のヒエラルキーがありました。王を頂点とする身分秩序がありました。革命でそれを壊したはずでしたが、実際にできたての共和国のリーダーシップは、イギリスだったら貴族に位置づけられるような人たち、つまりプランテーションを持ち、奴隷を使っているような――ワシントンやジェファソンがそうなのですが――エリートに掌握されました。そこからはじかれた普通の人々には十分な権力が当初与えられなかったのです。もともとバプテストはピューリタンの時代以来の最左翼ですので、貧しい人たちの間で支持がありました。メソジストは一八世紀イギリスの新興教派です。ですから中流のなかでも比較的下の方の人々に広まっていきました。十分な権力が与えられない層にアプローチしたバプテストやメソジストが第二次大覚醒期にアメリカでは大躍進を遂げました。そして女性にも十分な権力が与えられていなかった。だからリヴァイヴァルに参加し、回心した。リヴァイヴァルは既存の権力を飛び越えて神とつながることですから。つまり霊が降りてきて回心を経験すれば、既成の権力の中で高位にある人も超えてしまうような発言力を得る、そういうダイナミズムを持つのがリヴァイヴァルです。だから実は非常に大きな政治性を帯びています。

サーキット・ライダーの説教に見られる平等への要求

メソジストのサーキット・ライダー（巡回説教師）の説教の例を見てみましょう。まず、「学歴は宗教じゃございません」と冒頭に出てきます。牧師は、「尊師さま」（Reverend）でした。貴族がつけるかつらを牧師はつけることができました。アメリカは田舎ですから、フランスではとうに古くなってしまった貴族がつけるかつらの伝統がまだこの時代にも残っていました。尊師さまはかつらをつけた貴族的装いを許されたのです。権力を象徴的に示したのです。一方、メソジストのサーキット・ライダーは学歴も富もなく、火の玉のような信仰だけで、ロバに乗って現れる、そういう輩です。そういう人が、突然尊師さまが支配している地区に入ってきて、次のような説教をします。「学歴は宗教じゃない」、「勉強したって聖霊の力はもらえない」、「祭壇とは別のところで、恩寵が本当に燃え盛る石炭を備えてくださるんで。聖ペテロは漁師でございました」、とこういうふうに言います。「イェール大学に通ったなんてお思いで？　兄弟姉妹の皆さん、そんなことはございません。主がエリコの壁を吹き飛ばそうとなさったとき、真鍮のラッパとか、磨きがかかったフレンチホルンなぞお使いにならなかった。そんなものは使いません、神様は羊の角を――素朴で、自然な、羊の角を育った形のまま、お使いになった。ですから、みなさん、霊的なエリコの壁を吹き飛ばそうとなさるとき、神様は、みなさんの中に居る、スマートで礼儀正しい、大学で勉強したジェントルマンは使いません、私のように、素朴で、自然な羊の角のような男をお使いになるんで」、とこういう説教をしました。つまりこれは、教育も何もない庶民が既成権力をぶち壊す言説です。それがリヴァイヴァルの力学なのです。

メソジストのサーキット・ライダーは有名です。ほとんどが若者だったと言われています。雨嵐もものともせずに、フロンティアを回って、辻説教をします。そして人が集まって教会が形成されるとそこを去って次のところに行って、二―三カ月に一回ぐらい帰ってくるのです。

このような第二次大覚醒への参加者に女性が目立っておりました。多くのリヴァイヴァルで女性は過半数を占めていたことが証明されています。女性はリヴァイヴァルのダイナミズムを使い、共和国における二級市民の立場、つまり結婚したら法的に家畜として扱われる立場を克服し、平等を希求したのだと推測しています。

Alfred R. Waud が描いたサーキット・ライダー（米国議会図書館所蔵）

公徳心の涵養

アメリカ共和国では投票権が飛躍的に拡大いたします。特に一八三〇年代になると男子普通選挙権がほぼ成立します。その中で、投票行動の基盤として公徳心（Virtue）の重要性が強調されました。各人が政治参加するときに、自分の私利私欲だけに基づいて投票したら、アナーキーになってしまいます。だからもともとはデモクラシーというのは悪い意味でした。皆が権力を持ち、好き勝手に行動したら、社会はバラバラになってしまう。だから共和国においては個人の中に宿る公徳心がたいへん重要になります。Virtueはもともとヴィル（Vir）という言葉から来ていますので、戦闘における勇敢さ、自分の命を捨てても国を守る、そういうような徳を指しており、男性的な資質を含意していました。ところが、一八世紀の末からアメリカで盛んに使われたVirtueは、日常性の中で表現される公徳心、モラルを指すようになるわけです。新しい共和国において、既存のヒエラルキーを否定したときに、何を基軸にヒエラルキーを作るかというと、公徳心、道徳性というのを一つの基準にしてヒエラルキーを作っていこうといたします。これは一八世紀から一九世紀にイギリスで中流階級が台頭してくるときにもみられた傾向です。[8]

女性は選挙権がなく経済力もありません。そういう中で何らかの権力への道筋を見つけようとする場合、この公徳心によるヒエラルキーを使うことが重要になってきます。道徳性のレベルを基準に新しいヒエラルキーを民主主義社会で構築していこうとする際、女性は特別な役割を引き受けました。女性は「道徳の守護者」になったのです。西洋社会ではキリスト教が道徳の根幹を規定していましたから、道徳の守護者となるためには良いクリスチャンでなければなりません。従ってリヴァイヴァルに参加してクリスチャンになることは女性にとって非常に大きな意味がありました。一九世紀前半の「女らしさ」は従順で家庭的で純潔で敬虔、この四大要素から構成されていました。敬虔というのは信仰が深いことです。敬虔という要因が女性らしさの一大要素になったことが、極めてアメリカ的な特徴です。要するに、道徳の守護者という立場を確固とするために、女性にとって宗教は大切だったということです。

純潔規範の獲得

もう一つ、女性がリヴァイヴァルに参加した理由があります。独立革命が起こって、それまでのヒエラルキーが壊されるということは、社会的流動性が高まるということを意味します。実際に日常生活においてそれがどのように起こるかというと、流れ者が多くなります。そうすると親やコミュニティがそれまで男女関係や結婚を監視していたものが、行き届かなくなってきます。しかも革命で新しい時代が到来したのですから、親の権力は失墜し、新世代を担う若者が権力を獲得し、発言権を増していく。

そこで何が起こったか。実は革命後のアメリカ社会において婚前妊娠が爆発的に増加しました。これは父親のない子供が爆発的に増える可能性を意味します。婚前妊娠は女性にとってきわめて不利です。なぜなら、婚前妊娠を減らすために婚前妊娠をした女性や婚前妊娠で生まれた父親のない子供は、社会的にハラスメントを受けます。これはそういう子供を増やさないための工夫です。増えてしまうとコミュニティ・チェストと呼ばれるいわゆる村や町の社会福祉予算に負担がかかります。そこで、女性は婚前妊娠すると多くの場合、妊娠した身体で、例えば一〇人ぐらい子供がいる年寄りのやもめのところに嫁に行きます。やもめの男で妊娠していてもいいから、家の中の始末をして欲しい人が必ずいるものです。だからそういう人と結婚させられてしまう。そうするとこの女性は大変な境遇に陥ります。一〇人の子供をいきなり育てなければならない。それは女性にとって非常に不利な結婚です。

リヴァイヴァルに多くの女性が参加し、敬虔や純潔の徳が多くの女性に共有されれば、婚前交渉を拒絶できるようになります。婚前交渉を皆が拒絶すればそれが女性にとって不利になることはありません。男性はセックスできる女性にひきつけられますが、皆が身持ちが良ければ、男性はその条件下で女性と接せざるを得なくなります。そうすれば、女性がある程度の自由を得ながらも、婚前妊娠しなくて済むということにつながっていく。だから純潔規範というのは当時の女性にとって有利なのです。そのためにロマンティック・ラヴ・イデオロギーを女性も積極的に支持して、強化していきます。つまり愛がなければ結婚はしない、愛は肉体関係とは別にプラトニックなレベルでまず育てられるべきなのだ、そして最終的に結婚の申し込みがあり、結婚することで肉体的な愛と精神的な愛が合体してホームの中でその愛が実体化する、そういう言説が強化されていきます。それを強化する過程においてキリスト教徒になるということは重要な要因になってきます。つまり純潔規範を筆頭とする道徳律を内面化して、そしてそれを価値として提示するということにおいてキリスト教徒としてのアイデンティティが有効に働くのです。そして「貞操」は女性の道徳性のシンボルとなりました。かつて男性的勇気をまずもって意味したvirtueが、女性の貞操をもっぱら意味するようになったのは、このようなことと関係しているのではないでしょうか。

道徳の守護者の司るホーム

ビクトリア時代――おおざっぱに言うとビクトリア時代とは一九世紀のことです――のアメリカ合衆国においては、女性が差配する女性の領域、かつ宗教的、道徳的空間としての「ホーム」というものが成立し、機能しました。これは、資本主義が発展して大きな家が解体し、職住分離が進み、中流層が変質し拡大していくという、経済史的な流れに並行して起こったことです。「大きな家」（オイコス）では、経済活動が行なわれていましたが、資本主義が発展してくると、その中の例えば糸つむぎや機織りは外部経済ます。

化していきます。仕事と家というのが分離していく、つまり職住分離です。そして男は外へ仕事に行き女は家の中にとどまる。家が女性の領域として確定していき、新しい中流層の一つの住まい方になっていきます。

資本主義社会において私的所有は根本的に重要です。女性が差配する領域である「ホーム」は男性の私的所有の象徴でもあります。「男」は家の中に女を囲う。それは男にとって、最低限の私的所有の形になっていきます。妻はそのホームの管理を任されます。道徳の守護者としてホームを仕切っていく。ホームで鍛えられるキリスト教道徳の効用をいくつか挙げてみますと、マックス・ウェーバーの件の勤勉と節約という資本主義の精神がその中で涵養されるわけですし、それと同時に利他性が涵養されました。これはこの時代のアメリカにとって非常に大きな意味がありました。資本主義が発展していく中で競争が激化すると、敗者が増えます。貧富の差が拡大していく。政府主導の社会福祉制度はまだないですから、教会と女性がその貧富の格差を埋める、あるいは、少しでもやわらげる役割を果たしていく。そのため、女性が特に利他性を内面化し、子供や夫にその徳を涵養することは重要だったのです。

「道徳の守護者」としてホームを仕切る女性は選挙権を持たなかったし、経済活動からも疎外されていました。けれどもそれがゆえに、政治的・経済的に疎外された無権力状態であったがゆえに、逆説的にその道徳的な言説は説得力を持ち、尊重されました。一九世紀のアメリカは、女性の道徳的な言説をまったく無視することはできない社会でした。少しは耳を傾けなければいけない。女性たちはそういう権力を獲得するわけです。そのことが社会改革、やがては社会革命につながります。レディ・ファーストという言葉をご存知だと思います。アメリカでもレディ・ファーストはフェミニストが批判したので余り見られなくなりました。でも一九世紀には特別な意味を持っていたと思います。レディ・ファーストは、女性が持っている道徳的権威に対してのデファレンス（deference）だった。デファレンスとは、生活習慣と化した敬意と服従を示す振る舞いのことです。一九世紀アメリカでは黒人以外の女性であれば誰に対しても男が重い荷物を持ってくれたり帽子を取って挨拶してくれたりしましたが、その意味は、女性の道徳性に対する敬意を日常の振る舞いの中で定着させていく一つの方策であったと考えられます。そうやって女性は影響力を確定してきました(9)。

一九世紀アメリカの福音主義

別の言い方をしますと、一九世紀アメリカにおける福音主義は、中流文化の形成に大きな役割を果たしたということだと思います。福音主義は英語でエヴァンジェリカリズム（Evangelicalism）です。日本語で福音主義というと、聖書のみ、という意味がまず第一に強調されます。しかし、この時代のアメリカのエヴァンジェリカリズムはそれだけでは表せません。リヴァイヴァル文化を指しています。理屈ではなく感情的経験を重視するキリスト教です。霊が降りてきて高揚して、教育や知識がなくても確信を得るのです。当時、センチメンタリズムだとよく批判されました。確かに福音主義は感情主義の傾向を含んでいました。しかもこの時代の福音主義はすでに説明したように女性化していました。女性は基本的に神学的な教育から排除されていました。ですから、女性化した福音主義は、リベラルからファンダメンタリストまで非常に幅の広い立場を包摂していました。

男性は神学教育を受けると、多くは教職者として教会に関わります。そうするとどこから資金がくるか、それを何に使うか、その使用法は支持母体の満足するものか、教会の決定の手順は先例に従っているかなどを気にします。教派の主張を外れると、失職する可能性もあります。だからどうしても教派主義になりがちです。神学的に自分がどこの立場にいるかを明確に意識しなければならない。ところが女性は神学教育から排除されており、道徳の守護者として、かつ、一般的なキリスト教徒としての立場から主張を展開します。神学教育でないところでキリスト教徒としての良心とか道徳性というのを身につけてきます。そうすると教派はあまり意味がありません。広い意味でのキリスト教徒で連携しようという傾向が女性には強い。つまりエキュメニズムの傾向があります。恐らくそれが一つの原因だと考えているのですが、女性化していた一九世紀アメリカの福音主義は、リベラルからファンダメンタリストを包摂する幅の広さを保持していました。明治期に日本に伝えられたのはこの種の特異な福音主義です。一九世紀に日本に伝えられたこの幅広い福音主義は、二〇世紀初頭にファンダメンタリストが離脱していくことによって分裂していきます。だから、この幅広い立場というのは現代のアメリカでは保持するのが困難です。

一九世紀のエヴァンジェリカリズムは、一九世紀アメリカの中流の本流を定義していたと私は思っています。特に敬虔なはずの女性が差配するホームを保持していることが、中流に属することの必要条件だった。これは、私自身がある宣教師の研究をしていたとき、あるペンシルヴァニアの田舎町の国勢調査記録を見たときに考えたことです。その町には肉屋、鍛冶屋、炭鉱夫など、いろいろな職業の人がいるのですが、家族ごとに国勢調査記録の原簿が並んでいて、妻のところはほとんど例外なくハウスワイフと書いてありました。非常に幅の広い職業の人々がその町には住んでいるのですが、どの家にもハウスワイフがおり、そのことが幅広い中流層の基盤になっていたと直感しました。(10)

マウントホリヨーク・システムの特徴

一八三四年に設立されたマウントホリヨーク・セミナリーという女学校は、ホームを差配する道徳の守護者としての女性を養成するための教育のモデルの一つを提供していました。創立者はメアリ・ライオンという女性です。マウントホリヨーク・システムと言われる教育の特徴を少し説明します。今は名門女子大学になっていますが、この学校はもともと決して金持ちのための学校ではありませんでした。近隣の農村出身の当時の中流の女性を対象として始められました。だからアコンプリシュメントと呼ばれる貴族の女性が受けるような装飾的な教育とは違うものが提供されました。低価格で実質的な教育をしようとしたのです。同時に、初等教育を終えた女性に男子のカレッジに比肩するような知を授けようともしました。ただし南北戦争以前はラテン語とギリシャ語は入学要件にはなっていませんでした。宗教教育は最重要視されていました。信仰の実践として家事を意味づけて実践させ、また自己申告制度というものがありました。これは自己の良心を鍛錬する、そういう教育です。

どのような教育だったか具体例を少し詳しく見てみましょう。一日は宗教が支配します。朝食の前に長い感謝の祈りがあって、八時四五分にはホールで礼拝があって、聖書を読んで歌って長い祈禱があって、副校長が短い講話をする。昼食のときに感謝の祈りをささげて、夕食の前にも感謝の祈りをして、それから読んで、歌って、長く祈って、夜八時に一五分間の反省ミーティングがあります。火曜日と金曜日にはこれはないけどもっと長いミーティングがある、そういう生活です。

もう一つ重要なのは、時間の統御です。ベルが鳴る。朝食後最初のベルが八時に鳴る、そうすると皆自

John W. Barbar が描いた1838年の校舎。すべてが一棟の中に入っていた（マウントホリヨーク大学所蔵）

分の部屋に戻る。三分後にベルがもう一度鳴ったときまだ自分の部屋以外の場所にいたらその人は「のろま」と呼ばれます。それから九時一五分にベルが鳴って最初の超過勤務サークルの時間を示します。毎時四五分にはベルが鳴って「のろま」が摘発され、昼食前にベルが鳴ります。午後のベルは毎時鳴って夕食のベルになります。夕食後ベルは三〇分ごとに鳴ります。他人の部屋に入るのをやめ沈黙の時間を守るとき、「のろま」がまた摘発されます。一〇時一五分前にベルが鳴って一〇時にベッドの中で水平状態になってないと「のろま」になります。ベルで時間の感覚を養っていくわけです。

また、違反の摘発とその自己申告制度が徹底していました。「のろま」である、おしゃべりして静かに勉強する時間を守らなかった、部屋に友達をよんだといった、いろいろな違反があるのです。違反についてもっともな理由がなければ記録に取られて名前に黒い印がつく。それは科学的な装いで、「例外」、エクセプションと呼ばれていました。もちろんあまりもらいたくない印です。エクセプションがたくさんあると日曜日に皆の前で立って反省の弁を述べなければなりません。このような教育を徹底してやりました。自己申告とは自分が違反を犯したときに自分から言うことです。そして黒い星印をもらう。道徳律を内面化させようとしているのです。人に言われなくても自分で自分を検証して、悪いことはしないようにするために、規則にしたがわないように生きていくために、そういう枠組みを自分の心の中に構築させる。マウントホリヨークの卒業生の多くは宣教師になりました。宣教師の輩出校として有名です。[11]

女性宣教師による女子教育

こうした教育を受けてきた北米出自の女性宣教師の話に移りたいと思います。日本に来た人の中にもマウントホリヨーク出身者が散見されますけれども、マウントホリヨークを出ていなくても日本のマウントホリヨークを作るのが夢だった宣教師も何人かいます。だからこの学校が一つのモデルになっていたことは確かです。

女性宣教師は女子教育を手がけます。これは伝道上の必要です。女性の宣教師は按手礼を受けていませんから、洗礼や祝福を与えたりすることはできません。従って周辺的な仕事をやるしかないのですが、女子教育は、現地人との接点を作る上で非常に重要な仕事でした。按手礼はなくとも、教育の中でキリスト教を教え、回心に導くことは、職業的な使命です。女性は洗礼を授けられないけれど、聖書を生徒に教えることはできます。そして女子教育を通じ、クリスチャンの女性を輩出するということは、現地人キリスト教徒男性の配偶者を養成することでもあります。せっかく男の宣教師がいろいろ苦労して牧師を育てたとしても、その人にクリスチャンの妻がつかなかったらどうしようもありません。カトリックとは違いますから。キリスト教徒の女性と男性がいて初めてキリスト教徒同士の結婚が成り立ちます。その結果、クリスチャン・ホームが形成できるのです。すでに説明したように一九世紀アメリカにおいて、クリスチャン・ホームは、教会に次ぐ福音主義キリスト教の砦でした。女性は教会と結びつき、その教えを家の中で疑似聖職者として伝えます。そういうことができて初めてアメリカモデルの近代化ができるわけです。自由、民主主義、平等といった価値はホームで母親によって涵養されるはずの内面化された道徳的制約があって初めて機能するのですから。

当時のキリスト教徒の意味の広さに注意しなければならないと思います。信仰を持つことと文明人としての知と振る舞いを備えることはセットになっていました。そういう意味でクリスチャン・ホームを運営することを、あとで出てきますが、内村鑑三が批判いたします。しかし当時のアメリカや日本では、クリスチャン・ホームを運営して、例えば優美なティーセットを使って客に紅茶を出したりすることと、キリスト教徒であるということは分離していませんでした。セットになっていました。

アメリカン・ミッション・ホーム、現在の横浜共立学園についての記述を例として参照しておきます。この学校についてキルハムという女性が書いたものが、『ジャパン・ウィークリ・メイル』に載りました。「日本が妻や娘たちに求めるものは、因習的なしきたりや高度な教養ではなく、思いやりの心であり清純さであり、家事をこなし楽しみを持つことであり、彼女たちを社会にも家庭にも健全な影響を与えるにふさわしい人に育てること、そして、今までの怠惰で希望のない現実の向こうには可能性があるということを示す教育なのである。……彼女たちをクリスチャン・ホームに連れて来て、本分である『家庭』で女性の自立と威厳を見せることによって、これは確実に成し遂げられる」[12]とあります。つまりキルハムは、クリスチャン・ホームを運営できるような女性を養成することが、キリスト教女子教育においてもっとも重要だとここで言っているのです。そして横浜共立学園は、当初「アメリカン・ミッション・ホーム」という名前でした。まさに「アメリカ」の「ミッション」の「ホーム」として構想されていました。

明治初年における女性宣教使による女子教育の内容を少し見てみますと、初歩的であると言えます。それほど高度な教育を与えようとしていないのです。例えば中村正直の同人社で教えたジョージ・カクランの妻は、アルファベット、スペリングを教え、ウィルソンのリーダーを使いました。現在のフェリス女学院を創立したメアリ・E・キダーの例ですと、英語で歴史、地理、算数などを教えていました。賛美歌、聖書、教理問答（'The Peep of Day'）はなるべく日本語で教えようとしました。それから、縫い物、編み物、刺繍です。当時重要な教育科目です。生活習慣、会話、娯楽も教えました。特に日曜学校で罪のない娯楽を学ぶ。当時は娯楽と言えば、遊郭文化との関係が深く、子どもでさえ都々逸を口ずさんだ時代ですから。全般的に初歩的で一般的な内容が教えられていました。[13]

「愛ある結婚」の効用

アメリカ・メソジストの海岸女学校で学んでいた潮田（うしおだ）ウタという人がいます。潮田千勢子（ちせこ）の娘です。ウタの兄は福沢諭吉の娘と結婚しました。彼女が友人から受け取った年賀のカードがあります。それを潮田千勢子の曾孫の齊藤紀さんから見せていただきました。英語でしたため、押し花が貼ってある。今でも通用するような、女性としてのエレガントさ、教養がにじみ出るようなカードです。こういったことができる女性を育てるのがミッション・スクールの女子教育なのです。その中で、宣教師にとって、配偶者選択への介入がとても重要になってきます。こういうことのできる女性を育てたとしても、明治期の日本では多くの場合結婚は親が決めました。しかも早婚です。津田梅子は一八八三年一月一六日の手紙で日本の結婚は女の子の場合、一四歳から一六歳で決まると言っています。[14] 早婚ですね。ですから宣教師が一所懸命小さい頃からミッション・スクールで教育して、素敵な英語のカードが作れるような女性にして、一五歳ぐらいになったら、親が、旧大名の息子と結婚することになったなどと言って、連れて行って中途退学してしまう。親が決める相手はたいていクリスチャンではありません。これでは、クリスチャン・ホーム

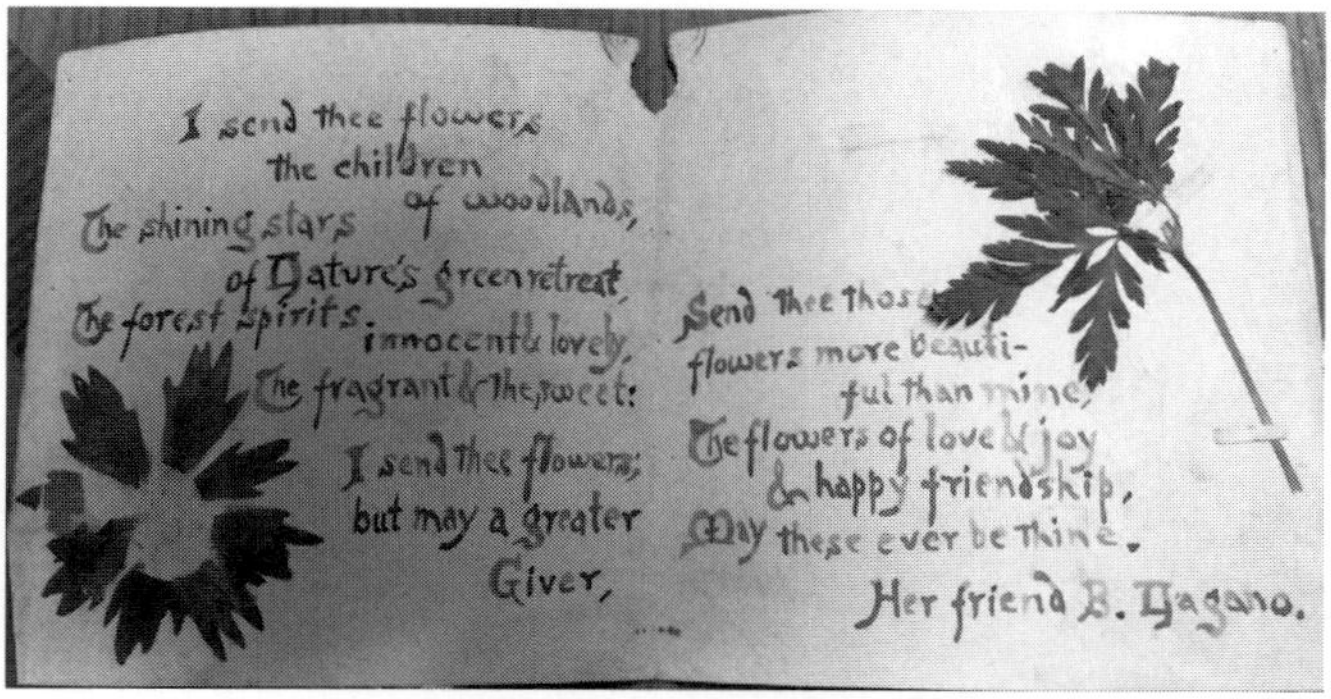

1894年、海岸女学校で学んだ潮田ウタが友人から受け取った年賀カード（齊藤紀氏所蔵）

ができない。宣教師から見ると、一所懸命教育したことが水の泡になってしまうのです。

それで、そこに介入せざるを得なくなります。「愛ある結婚」ということを先ほども少し話しましたけれども、こうした問題を抱える宣教師にとって、そのアイデアは、効用があるのです。「愛ある結婚」は、当事者の意思を重視します。相手が好きかどうかと。これが親の決定権への反抗になっていく。宣教師に言われても親は言うことを聞きません。しかし、娘がどうしてもいやだと言ったら、親も檻に入れるわけにもいかないですから、結婚させるのをやめることもあります。従って「愛ある結婚」の思想を教え込むことは、宣教師にとっては重要でした。もちろん彼女たち自身「愛ある結婚」は正しいことだと信じて、教えたのです。女性宣教師たちの多くは独身だったわけですけども。「愛ある結婚」のプロトコール——つまり、結婚前の純潔を前提にプラトニックなレベルで当事者同士が理解と愛着を深め、結婚を決断し、結婚して初めて肉体関係を持ち、そして子どもを持ち、その結婚に生涯コミットする——を内面化することは、すでに述べたようにアメリカでは婚前妊娠を減らす役割を果たしたのですが、明治期の日本で働く宣教師にとっては、親の決めた結婚にノーと言える娘を作るために重要でした。

しかも「愛ある結婚」の思想の中には、一夫一婦制が入っています。また、生涯続く結婚という概念も含まれます。これは日本の慣行とは大いに異なりました。その当時の日本は実質的に一夫多妻です。天皇家がそうでしたし、一般にもそれは認められていました。その一方で離婚は日常茶飯事でした。日本的伝統においては純潔規範は強くありません。日本の社会は、処女に対して少しは興味を示すようですが、それほど大きな価値をつけません。だから離婚した女性は、性的経験ゆえに、再婚が不利ということは、あまりなかった。ある家に嫁がせてみてうまくいかなかったらすぐ離婚して実家に帰ってきて、別に良い縁があったらそちらに行くというのはごく一般的にありました。だから、明治の日本は離婚率が高いのです。(15)そういう状況のところに一夫一婦制、生涯続く結婚という観念を吹き込む。それは現実から跳躍したロマンスです。新しいエモーション、感情のあり方の教育だと思います。性に対してのおおらかな態度、そして「色」という、次に説明するように、移ろいやすい感情、そういう構築から、宣教師は禁欲と愛という新たな構築へと生徒を導いていきました。正しいエモーションとは何かという問題がここに含まれてきます。

色の文化

明治期における日本の一般的男女関係および結婚は、江戸時代からの「色の文化」の影響を色濃く残していました。色の文化は「浮気」の文化です。浮気は「色の文化」を構成する基本概念です。相手に対する恋心です。移ろいやすい愛着の感情です。すぐ変わってしまう。また、色の文化では遊女と地女（じおんな）という形で、女が二種に分かれています。遊女というのは象徴的に言っているわけですけれども、セクシュアリティを持っている「いい女」です。地女は普通の女です。母性は許されているけれども、セクシュアリティはあまり期待されてない。「ださい女」です。そして「粋」と「野暮」という概念。粋は異性に対する愛着にとらわれないで、あきらめよく、あっさりと別れる心の持ちようと態度です。野暮は反対に執着することを言います。日本の色街の世界にはそういう文化がありました。(16)

明治期の日本人にとって、結婚は浮気をもとに決定するような不真面目なものではありませんでした。「家」は、当時の日本はまだオイコスの段階、つまり生産と再生産の事柄が同じ空間の中にあったわけですから、結婚はそれを維持するためにするのです。基本的に結婚は、親が決める経済的社会的判断です。だから家に嫁ぐという感覚になります。それを当事者同士の愛着、つまり浮気心に執着して結婚したらほんとに野暮な話になってしまいます。一方で、純潔規範は先ほど言ったように弱いです。離婚再婚は比較的自由だった。これは良い点だと思いますけれども。そして、一夫多妻が容認されていました。特に男性は、経済力があれば、浮気を満たすために妾を囲ったり、色を専門に売る色里で遊ぶことができました。正妻は「地女」で、あまりセクシュアリティを感じられないけれども、一所懸命家のことをやってくれて、良いお母さん、嫁でいれば良いわけです。それとは別に色の遊びが容認されていましたから。

津田梅子の批判

もう一つ、明治の日本では、家は女性の権力の砦として確立していないのです。アメリカの「ホーム」とは違って、家で女性は男にかしずくことを期待されていました。これは津田梅子による日本批判によく出てきます。津田梅子の手紙が *The Attic Letters* という本にまとめられています。津田梅子はとても良い手紙をたくさん書いていることに最近気づきました。日本の結婚についてもいろいろ書いています。例えば、「日本の女は夫に忠実で、彼らのためにあまりに多く奉仕をする。結婚の申し込みは第三者を通して相手の父親に行う。courting や flirting に当たる言葉は日本語にない」と言うのです。Courting というのは求愛活動のことです。Flirting というのは女が男に魅力を振りまいてちょっと遊ぶことです。アメリカの女性には「独身の幸福」(single blessedness) ——結婚だけが幸せではない、独身者の幸福があると、一九世紀前半からよく言われたことです——を楽しむ自由を与えられているが、日本ではそういう自由はない、というようなことを言っています。さらに、日本では家が女性の空間として成り立っていなかったことを指摘しています。[17] 家が、男の干渉を許さない、ある種の女性の権力の砦になってない。姑になると権力を持つかもしれませんが、それはもう死ぬ少し前の話です。家にあって女性はほとんどの期間、忍従の生活を強いられ、死ぬ前のわずかな年月、権力を握らせてもらえる。そういう構造になっているという訳です。ただし、これはやや一方的な見方です。日本の家では妻がサイフを握る傾向がかなり早くからあったようですので。

男女交際の機会

宣教師はこのような構造に介入しようとして生徒たちに愛ある結婚のロマンスを叩き込もうとします。あくまで正しい理想として。さらにミッション・スクールでは、ある時期、男女の出会いの機会を実際に提供しました。例えば、一八八三年の太田(新渡戸)稲造宛の内村鑑三の手紙を見ますと、「メソジストの女学校から招待状をもらった!!!!」、「すばらしい狩猟のチャンス」と英語で書いています。内村は女学校で開かれるパーティに招待されたのです。宣教師のお眼鏡にかなったクリスチャンの若い男性として。招待された男性だけがそこに来ることを許され、ふさわしい配偶者と出会うことが期待されていました。内村にとって、それは「狩猟のチャンス」だったわけですけれども。

フェリス・セミナリーでは一八八六年、八七年に、交際会というものが開かれています。それは、今の学芸会に似ています。けれども始まるのは夕刻、七時です。寸劇、シェイクスピアの朗読劇、歌、ピアノの演奏などがあります。学校の生徒が日頃の成果の一部を披露します。そこに招かれるのも許可された男性たちです。こうした機会にクリスチャンの男女が見知って、恋愛関係に発展し、結婚に至ることが期待されていました。若松賤子（しずこ）と巖本善治（いわもとよしはる）のように。

やがてこういったことを生徒自身がリードするようになっていきます。一八八八年から八九年頃になりますと、同盟文学会というものが開かれます。これは立教、麻布（いまの麻布中学・高校はもともとカナダ・メソジストのミッション・スクールでした。一八九九年の訓令一二号のときにキリスト教教育を捨てて普通の中学校になりました）、青山、明治学院の文学会に、新栄（今の女子学院）、桜井（これも今の女子学院）、頌栄（今でも同じ名前）、横浜共立、フェリスの教師や生徒が招かれました。同盟文学会は、学生主体の交際会です。

実際この頃明治学院の生徒だったのが、島崎藤村です。「何時の間にか彼も良家の子弟の風俗を学んだ。……軽い帽子を冠り、半ズボンを穿き、長い毛糸の靴下を見せ、輝いた顔付の青年等と連れ立って多勢の娘達の集る文学会に招かれて行き……若い女学生達の口唇から英語の暗唱や唱歌を聞いた時には、殆んど何もかも忘れて居るような気がした。……彼は若い男や女の交際する場所、集会、教会の長老の家庭などに出入し、自分の心を仕合せにするような可憐な相手を探し求めた」。藤村は『桜の実の熟する時』にこ

1888年、「良家の子弟の」装い（半ズボンに毛糸の靴下）の島崎藤村（藤村記念館所蔵）

う書いています。実際にあった話です。写真が残っています。島崎藤村が半ズボンをはいて毛糸の靴下はいている良家の子弟の格好をして座っています。

女性の側からは、一八八八年頃の桜井女学校の生徒の回想があります。「日曜日に教会に行く事は、籠の鳥のやうに生活せる私共には、禮拝であり慰安でありました」。教会は、慰安でもあることが大事です。「或は理想の種にもなりました。老若男女に注視されて設けの席に就きました。明治学院の生徒も同様だと思ひます。洋装の淑女連が人力車を連ねて、繰込みました。是は當時獨占の慈恵病院、看護婦諸姉で、全盛振を發揮しました。現在の工學博士眞野文治氏も、當時の洋行帰の青年紳士でしたが、未来の九大総長などとは、夢にも思ひませんでした。其他にも洋行帰りとして今云うハイカラ其ものの如き青年も忘れられません。妙齢の男女學生が、屢々顔を合せる機会は與へられても、一向奇怪事の出来せざりしは、矢張内外諸先生の監督周到なためだと思ひますが、教會員の中から幾多の新家庭が造りだされたのは、聖愛が其中に芽生えたものだと思はれます。曰く小田川、曰く服部、曰く杉森、曰く中川……」。このように教会の中から生まれたカップルの名前を挙げています。女性にとってもそれは楽しい機会だったのです[18]。

一八八七年の秋にマリア・ツルーは女子高等教育を構想します。大学を作ろうと考えました。彼女はクリスチャン・ホーム・ライフなるものを高等教育で教えようとしました。最初、ツルーの手紙の中にあるこの計画を読んだときに、私のイメージする「高等教育」と違うので、たいへん違和感がありました。年長の女性たちを集めて、英語、聖書、ホームの運営を教えたのです。先生になったのはキャリ・ローズという宣教師です。彼女は、「私たちは生徒がクリスチャン・ホームの雰囲気を自分たちの家に運んでくれることを期待しています、彼女たちはまだホームの本当の意味を理解していません」と書いています。「ホーム」を日本で実現すべく、集約的な教育をしていこうとしたのです。[19] 率先して家事を行ない、家庭内の諸事万端を差配し、積極的に工夫を凝らす中流の主婦を作っていこうとする。この流れは、あるいはこの熱意、熱心は、後年の『婦人之友』につながる、つまり、「家庭」構築への強烈な関心につながっていきます。初期の女性のための雑誌には、男性がやっていたものも含め、いろいろありますが、『女学雑誌』はもちろん、『婦人之友』、そして『主婦の友』は、キリスト教徒が主宰したものです。そういった流れにつながっていくわけです。

遊女と地女の統合

このプロセスを別の側面から表現すると、ミッション・スクールが目指したのは、遊女と地女に分かれていた日本の女を統合していこう、母性とセクシュアリティ両方兼ね備える女を作ろうという、そういう試みでした。ユージーン・ブースという、フェリス・セミナリーの校長を長くやった宣教師がいます。最近私はこの学校（私の母校です）の一五〇年史を書く仕事をしていて、一次資料を少しだけ読みました。一九一八年に紫綬褒章を受けたときのブースの発言が、“Were Wives Better Educated, Charm of Geisha will Wane.”つまり、「もし女がより良い教育を受けたなら、芸者の魅力は色褪せる」という見出しのもとに『アドバタイザ』（*Advertiser*）の記事になっています。ユージーン・ブースは、その中で教育を受けた女性は芸者も色褪せるほどの何らかの魅力を備え、より多くの尊敬と本当の愛情を夫から受ける。夫が芸者遊びに夢中になることはない、と言っています。[20] つまり、ミッション・スクールでは、遊女と地女の統合を図るわけです。これは東京女子大学にも見られた傾向だと私は思います。新渡戸稲造が、「高級な奥さま」を作り出すことを東京女子大学の目的の一つにあげました。それはこのような日本におけるキリスト教教育の伝統に則っていることです。[21] ミッション・スクールは、遊女と地女を統合し、セクシュアリティもありかつ母性も兼ね備えた魅力的な女性を作り出そうとしたのです。

最初期のキリスト教徒同士の結婚

最初期のキリスト教徒同士の結婚の事例を探すのは骨の折れる作業です。ご存知の方があったら私にぜひ教えていただきたい。私が見つけた中で一番早いのは一八七八年の六月一二日に小山サイ子という、今の横浜共立学園に在籍していた武士の娘と、メソジストの牧師粟村左衛八が結婚した例です。一八七〇年代の例は少ないです。新島襄と八重の結婚、木村熊二夫妻の例がありますが、クリスチャンの夫に妻が追従するパターンです。八重の場合、もとからクリスチャンだったわけではなく、新島襄と結婚するにあたって洗礼を受けました。木村鐙子の場合には夫が彼女の期待に反してクリスチャンになって宣教師としてアメリカ留学から帰って来ますので、それから勉強して熱心なクリスチャンになりました。

一八七〇年代に結婚する人は一八四〇年代生まれの男性が多い。一八四〇年代生まれのクリスチャンの男性は、たいていクリスチャンになる前に親が決めた結婚をしています。だから妻が死んだりしたときにクリスチャンの女性と再婚する例が見られます。再婚のときには、宣教師の女学校から配偶者を得る傾向があります。木村熊二の二番目の妻は伊藤華子という、明治女学校の人です。とても華やかな人で、誰かと浮気したらしく、離婚します。そのあとに結婚した東儀隆子はフェリス・セミナリーの卒業生で、この人も華やかで小諸では評判が悪かったらしい。本多庸一も寡（やもめ）になってから、東京女子師範学校の出身ですが、桜井女学校や函館の遺愛で教員をしていた長嶺サダと再婚しています。また、伊東友賢と星艶というカップルがいます。一八七〇年代、伊東友賢はすでに結婚して婿養子になっていましたけれども、星艶――相馬黒光のおばです――と出会って恋愛関係になり、婚姻外の子供ができます。一〇年ほどかけて伊東は離婚して星と正式な結婚をします。一八四〇年代生まれのクリスチャン男性にはこういった例が見られます。

一八八〇年代になるとキリスト教徒同士の結婚例がだんだん増えてきます。井深梶之助、小崎弘道、植村正久、海老名弾正、宮部金吾、藤田九三郎、内村鑑三、それから北村透谷、巌本善治、田村直臣、星野光多などの例があります。配偶者を見ますと、皆ミッション・スクール出身の女性です。田村直臣と峰尾ゑいは、桜井女学校の縁で結婚した例です。星野光多と長谷川みね――長谷川みねは混血です――は、フェリスで同僚として知り合ったと考えられます。ところが、九〇年代になると、同じようにミッション・スクールを舞台としながら宣教師の介入がほとんど想定できない結婚の例が出てきます。例えば布施淡と加藤豊世です。両方とも知り合う前からクリスチャンでした。布施淡は相馬黒光が大好きだった男性ですが、淡と豊世は黒光を通じて知り合い、恋愛関係に至って結婚に到達しました。最近、加藤豊世と布施淡の往復書簡集が出ました[22]。この時代の恋愛を知るために実に貴重な記録だと思います。こういうわけで、キリスト教のコミュニティは前期浪漫主義の揺籃になります。

内村鑑三の批判

浅田タケ（同志社大学人文科学研究所所蔵）

内村鑑三は、一八八四年に浅田タケと結婚しました。浅田タケは同志社女学校で勉強し、それから横浜共立女学校――あるいは横浜のブリテン女学校（現青山学院横浜英和中学高等学校）という説もありますが――で勉強したクリスチャンの女性です。新島襄と同じ群馬県の安中（あんなか）の出身で、家族ぐるみで新島から洗礼を受けました。ところが、この結婚は失敗でした。この痛い経験のためでしょうか、その後内村鑑三は宣教師主導のキリスト教徒のコミュニティにおける男女交際の慣行を批判しました。「田舎の教会から出てきたばかりで、子供らしい無邪気と軽信をもって余は首府基督教のトルコ風呂社会に飛び込み、少女の唄う賛美歌と誰の感情も害しない説教とによってなだめられたのである。……そこでは茶話会と求愛とが自由交際自由恋愛の宗教の承認をえて耽溺されえた」と書いています。『余は如何にして基督信徒となりし乎』の中にある言葉です。さらに、「かかる幸福なる家庭の……機械的製作法を伝えた者は、主に

外国ことに米国宣教師である。彼らは何事によらず外観を尊ぶ者であるから、なんでも彼らの作り上げし信者に幸福なる家庭を作らしめて、そうして幸福なる人を作らんとした。そうして教えを彼らに受けし日本国幾多のキリスト信者は、幸福なる家庭を作らんとして大失望した。彼らのある者は、それがあるためについにキリスト教の効力まで疑うに至った。……幸福なる家庭とよ！　キリストはおのれを信ずる者にそ

んなものを約束したまわない」。これは内村鑑三の手厳しい批判で、確かにその通りかもしれません。とまれ、この発言はそういうキリスト教徒のコミュニティがあったということの証言にもなっています。[23]

これが浅田タケの写真です。偶然同志社で見つけました。彼女は内村鑑三故に完全に抹殺されて、この写真もほとんど表に出ることのないような境遇に陥りました。内村は、「容姿は平均にはほど遠い」と言っていますが、[24]なかなかチャーミングな女性だと思います。

「日本の花嫁」事件

一八九三年から四年に「日本の花嫁」事件が起こったことは、皆さんご存知だと思います。この事件は、数寄屋橋教会の牧師田村直臣が、『日本の花嫁』という本を最初日本語で出し、後で英訳が出たときに、そこに書いてあることがけしからんというので、一八九四年第九回日本基督教会大会において教職を剝奪された事件です。日本の恥辱を世界にさらしたと言われたのです。田村は、「この書に於いて、日本と米国の婦人の地位の相違を論じ、私の持論なる男女同権論を主張し、日本の風俗習慣を破壊し、新日本に於いて、新ホームを作るの必要を高調し、キリスト教の力でなくては、男女の貞潔を守る事も出来ず、婦人の地位を高めることの出来ないことも極論した」と書いています。[25]しかし、田村は激しく批判されました。『日本の花嫁』は記して曰く、我らは愛と禽獣的の情欲とを同一視す。曰く、わが人民は清潔なる愛を味わい知らず。曰く、日本にては、父親は無限独裁の君主なり。万権これに属す。曰く、親は児女の婚嫁のみに熱心にして、その将来の幸福繁栄を慮ることなし云々。この類枚挙するにあらざるなり。これ真実に日本の社会を写し出せるものに非ざるなり」と植村正久は書きました。[26]でも田村が言ったことはある程度本当のことです。しかしキリスト教のコミュニティの中では九〇年代に至るまでに、近代家族あるいはクリスチャン・ホームの実験がそこそこ行なわれていたのです。その観点から見る植村（植村の妻はフェリス・セミナリーの出身です）に言わせれば、田村はとんでもないことを書いているということになってしまった。一八九〇年代に入り、キリスト教へのバックラッシュが吹きあれる中、いわばヒステリックな事件が起こったわけです。いずれにせよ、この事件は、結婚とホームの問題がクリスチャンにとって非常に重要であったことを逆に語っていると思います。

「新しい女」の先駆け

私はこの五年ほど、佐々城豊寿のことを書いています。前述の星艶とは佐々城豊寿のことです。一八五三年生まれ、相手の伊東友賢（後に佐々城本支）は、一八四三年生まれです。一八七〇年代には、とうの昔に結婚し、婿養子に入っていました。チヨという家つき娘と結婚していたのです。一八七二年に星艶と伊東友賢は横浜で出会って、その後恋愛関係になります。メアリ・E・キダーの女学校や同人社で学んだ星艶と一八七二年に横浜公会で洗礼を受けた伊東友賢は、キリスト教徒のコミュニティの中で新しい男女の出会い方を学んだと思います。二人の関係は、旧式の結婚への反逆でもありました。そして艶は、妾のような立場になり、友賢と一緒に住むようになります。しかし、最終的には伊東友賢が離婚し、婿養子先からも離縁してもとの佐々城姓に戻り、二人の結婚は成就します。これは一種の「愛ある結婚」の追求だと思います。トクヴィルの『アメリカのデモクラシー』から引用しますと、「強制的な結婚や気まぐれな結婚ほど不義の恋に走り、あるいは心でこれを思うものにとって、正当化に好都合なことはない」[27]。要するに友賢は、強制的な結婚をしていたわけですので、それを理由に新しい結婚の形を追求するという形で、二人の恋愛はキリスト教のコミュニティでも許されたのだと思います。

星艶と伊東友賢の間の最初の子が佐々城信子です。佐々城信子は国木田独歩と恋愛関係になって親の反対を押し切って結婚しますが、あっという間に逃げてきました。この事件に加え、有島武郎の『或る女』の題材になった事件で有名です。一九〇一年に両親が死んだ直後、その前から北海道札幌で知りあってい た森広と信子は結婚することになります。広は有島武郎の友達で、その当時アメリカに留学していました。札幌にいた頃、佐々城家を知り、佐々城信子に好意を持ちました。それで、親を亡くし、経済的基盤が不確かになった信子は森と婚約してアメリカに行かされることになります。ところが、アメリカ行きの船の中で武井勘三郎と恋愛関係に陥り、森広がシアトルに迎えに来ていたにもかかわらず、そのまま日本に帰ってきます。そのことが船旅でいっしょだった鳩山春子を通じて新聞に暴露されてしまう。武井勘三郎は既婚で、日本郵船の社員でした。それを辞めて二人で佐世保で旅館を営むようになります。この事件を有島武郎が『或る女』という小説にしました。

佐々城信子は星艶、つまり佐々城豊寿が、「遊女」と「地女」を統合した女性として育てようとした娘です。佐々城豊寿は矯風会のリーダーで、一夫一婦の結婚や廃娼運動、禁酒運動でも活躍しました。運動を推進する上で、自宅に人を招き、芸者や酒なしで人を楽しませることを重んじ、信子をそういうことのできる女性に育てようとしたのです。それはフェリス・セミナリーの創立者メアリ・E・キダーのところ、つまり、ミッション・スクールで豊寿が学んだ経験が土台になっていたことだと思います。芸者ではないが、いろいろな話題を提供でき、セクシュアリティも母性も持っている「地女」が男性と対等に会話をして、楽しませるということを試みた最初期の日本人女性が佐々城豊寿だと私は思っています。そのようななホーム・パーティに、娘の佐々城信子はしばしば子供の頃から参加していた。彼女は歌が上手で、そういうところで披露したりしていました。芸者のような役割も引き受けるが、芸者ではない。「遊女」と「地女」が統合された女性です。そのような女性が恋愛事件を起こしたのはむしろ当然と言えるかもしれません。信子は平塚らいてうに先んじて、「遊女」と「地女」が統合された女性としてキリスト教のコミュニティの中から出てきた人だということを主張して今日の話を終えたいと思います。[28]

カトリックについての付言

カトリックについての若干の付言をいたします。カトリックによる女子教育についてはこれから研究を進めるべき課題だと思っています。いま私が知っていることはあまりないのですけれども、一八七二年にサン・モール修道会の修道女が横浜に来ています。やがて築地にも進出します。彼女たちが当初やろうとしたのは基本的に慈悲のわざです。孤児院を経営して初等教育に主に取り組みました。カトリックは、慈悲のわざとして孤児を教育することと普通一般の中流の女子教育を区別していました。プロテスタントはカトリックに比べると区別があいまいで、中流の子が主ですが、そこに貧しい子も招き入れて一緒に教育しようとする傾向がありました。特に日本のプロテスタント宣教師は主にアメリカから来ていましたから、そういう特徴があったと思います。サン・モール会は孤児院経営と初等教育、つまり、貧しい子たち、親がないような子たちへの慈善事業を始めたのです。

ところが一八九〇年頃、バチカン発の明らかな方針転換があったそうです。[29] 知識人、中・上流層への働きかけに転換するように、と。それから、普通一般の女子教育に力を入れ始める。だから普通一般女子教育という意味ではカトリックは後発です。カトリックでは結婚はサクラメントの一つです。皆さんご存知のように、神の決定です。プロテスタントではサクラメントではありません。結婚は「シビル・マター」、民事です。一七世紀にイギリスからアメリカに移住したピューリタンもこのことを明確に意識していました。だからアメリカのプロテスタントは結婚式を教会でやらなかった。教会でやり始めたのはアメリカでは二〇世紀初頭くらいからです。なぜかというと、サクラメントではないし、教会で式を挙げるのはあまりにもカトリック的だからです。プロテスタントとカトリックの間にはそういう重要な違いがありました。カトリックの場合は結婚は神から与えられるものですから、親が決める結婚などの慣行への抵抗は少なかったのではないでしょうか。『置かれた場所で咲きなさい』という渡辺和子さんの本がありますけれども、そういう発想がカトリックにはあります。[30] プロテスタントは現状に抵抗していく傾向が強いですが、カトリックは置かれた場所で咲くことに価値を見出す。だから西洋的で高度な教育を受けながらも天皇家の嫁になりやすいのだと思います（美智子さんも雅子さんもカトリックの女子教育を受けています）。プロテスタントからはなかなか難しいですね。実際、ＩＣＵ（国際基督教大学）を卒業した――ちなみに私も卒業生です――秋篠宮家の二人の娘は、配偶者選択における自由意志の尊重を主張して、最近皇族としての教育がなっていないとマスコミにたたかれているようです。

注

（１）小檜山ルイ「アメリカにおける海外伝道の文脈とその現在」『日本研究』三〇（二〇〇五年三月）、八〇―八一頁。

（2）同右。
（3）同右、八〇頁。
（4）G・F・フルベッキ『日本プロテスタント伝道史』下、日本基督教会歴史編纂委員会、一九八五年、巻末統計表。
（5）小檜山ルイ『アメリカ婦人宣教師――来日の背景とその影響』東京大学出版会、一九九二年、第三章を参照。
（6）古典的な研究として、Whitney R. Cross, *The Burned-over District: The Social and Intellectual History of Enthusiastic Religion in Western New York 1800-1850* (Ithaca: Cornell Univ. Press, 1950).
（7）キャンプ・ミーティングについては、例えば、Dickson D.Bruce,Jr., *And They All Sang Hallelujah: Plain-Folk Camp-Meeting Religion, 1800-1845* (Knoxville: University of Tennessee Press, 1974).
（8）イギリスの中流階級と道徳性の関係については、Leonore Davidoff and Catharine Hall, *Family Fortunes* (London and New York: Routledge, 2002) から示唆を受けた。
（9）以上の議論は、小檜山「女性と政教分離――逆説の政治文化」大西直樹・千葉眞編『歴史のなかの政教分離』彩流社、二〇〇六年、二〇九―二三九頁を参照。直接引用等の出典も、この論文を参照して欲しい。
（10）一九世紀アメリカの福音主義とその解体、同時期の中流文化について、より詳しくは、小檜山ルイ『帝国の福音――ルーシィ・ピーボディとアメリカの海外伝道』東京大学出版会、二〇一九年を参照して欲しい。また、国勢調査記録におけるハウスワイフについては、小檜山ルイ「エリザベス・プールボーの日本経験」『歴史評論』七五六号（二〇一三年四月）、五―六頁。
（11）小檜山ルイ「19世紀女子高等教育における宗教と科学――マウントホリヨークの事例」『自然・人間・社会』第二〇号（一九九六年一月）、六一―八九頁。
（12）エリザベス・キルハム「日本の女性宣教師たち」『ジャパン・ウィークリ・メイル』第三巻四二号（一八

七二年一〇月二九日）。「横浜共立学園資料集」編集委員会編『横浜共立学園資料集』横浜共立学園、二〇〇四年、一六〇―一六一頁に訳出されたものを使用。

（13）教育内容については、小檜山ルイ「佐々城豊寿とその時代」二及び三『キリスト教文化』二〇一三年秋号（二〇一三年一〇月）、一二一―一三頁及び二〇一四年春号（二〇一四年四月）、一七〇―一七二、一八〇頁。

（14）Yoshiko Furuki, et al., eds., *The Attic Letters* (New York and Tokyo: Weatherhill, 1991).

（15）離婚率の変遷については、「婚姻率・離婚率の推移」https://www8.cao.go.jp/shoushi/shoushika/whitepaper/measures/w-2005/17webhonpen/html/h3040900.html　accessed April 22, 2019.

（16）色の文化については、田中優子『江戸の恋――「粋」と「艶気」に生きる』集英社、二〇〇二年および佐伯順子『「色」と「愛」の比較文化史』岩波書店、一九九八年。

（17）Furuki, et al. の一八八三年一月六日、一月二九日、五月二三日、八月一二日、一二月一八日、一八八四年二月二六日の手紙を参照。

（18）以上の議論は、小檜山ルイ「北米出自の女性宣教師による女子教育と「ホーム」の実現」キリスト教史学会編『近代日本のキリスト教と女子教育』教文館、二〇一六年、三九―四六頁。引用部分の出典もこの論文を参照して欲しい。

（19）小檜山『アメリカ婦人宣教師』、二三〇―二三一頁。

（20）News clipping probably of 1918 in Eugene E. Booth file, Archives of Reformed Church in America, Sage Library, New Brunswick Theological Seminary.

（21）小檜山ルイ「新渡戸稲造と「高等なる奥様方」」『東京女子大学比較文化研究所紀要』七三巻（二〇一二年一月）、一―二一頁を参照。

（22）フェリス女学院一五〇年史編纂委員会編『加藤豊世・布施淡往復書簡』フェリス女学院、二〇一六年。

(23) 引用の出典も含め、小檜山「北米出自の女性宣教師」、四六—四七頁を参照のこと。
(24) 引用の出典も含め、内村の結婚については、ヘレン・ボールハチェット「明治期のプロテスタント共同体における結婚と離婚」キリスト教史学会編、六三—七一頁。
(25) 田村直臣『信仰五〇年史』日本図書センター、二〇〇三年、二〇八頁。
(26) 植村正久「日本の花嫁」『福音新報』一二七号(一八九三年八月一八日)、巻頭。
(27) トクヴィル(松本礼二訳)『アメリカのデモクラシー』第二巻下、岩波書店、二〇〇八年、七九頁。
(28) 佐々城豊寿については、小檜山ルイ「佐々城豊寿とその時代」『キリスト教文化』二〇一三年春号—第一三号(二〇一九年)を参照。佐々城信子と武井勘三郎の事件はこれから執筆予定。信子については、阿部光子『「或る女」の生涯』新潮社、一九八二年に詳しい。
(29) 川村信三「近代日本のカトリック史とカトリック教育」キリスト教史学会編、一六三—一八四頁。
(30) 渡辺和子『置かれた場所で咲きなさい』幻冬舎、二〇一二年。

編者あとがき

本書は、二〇一八年に公益財団法人日本キリスト教文化協会が主催した連続講演会「近代日本とキリスト教――「明治一五〇年」を考える」の諸講演を元に編集されました。

連続講演会のプログラムは、二〇一八年七月三〇日から八月四日まで、東京都中央区にある「教文館ビル」九階のウェンライトホールで次のように行われました。肩書きは、当時のままにしてあります。

七月三〇日「ピューリタニズムと日本の共同体」　梅津順一（青山学院大学教授）
七月三一日「日本における家族の変容とキリスト教」　棚村政行（早稲田大学法学学術院教授）
八月　一日「社会改革的キリスト教の挑戦
　　――賀川豊彦の場合」　金井新二（東京大学名誉教授・賀川豊彦記念松沢資料館館長）
八月　二日「日本キリスト教文学の誕生」　若松英輔（評論家・随筆家）
八月　三日「近代日本におけるキリスト教学校教育」　大西晴樹（明治学院大学教授）
八月　四日「キリスト教と女性」　小檜山ルイ（東京女子大学教授）

午後二時から四時という、この季節では最も気温の高い時間帯でしたが、毎回七〇名から一〇〇名に近い聴衆が参加し、盛会でした。前年二〇一七年に開催された連続講演会と比べ、多くの講師がパワーポイントを使用され、映像と話による講演で、大変わかりやすい内容であったと思います。本書は、講師のお原稿を元にした場合もありますが、話された講演を録音から起こし、それに手を加えた場合もあります。

いずれも最終的には、講演された著者の責任で確認されたお原稿が元になっています。収録された講演の順番は、実際になされた順序になっています。ただし、四日目になされた若松英輔氏の講演は講師の希望により、原稿化されず、収録できませんでした。

二〇一八年は、明治という元号に改元されてちょうど一五〇年に当たります。明治という元号が象徴するのは、日本の近代化の始まりと言って間違いありません。キリスト教も長い禁教の時代を経て、明治六(一八七三)年に高札が下ろされ、黙認されるようになりました。すでに一八五九(安政六)年の諸外国との通商条約の発効と共に多くの宣教師が日本に来ていましたが、プロテスタント・カトリック・正教を問わず、本格的にキリスト教の宣教が開始されたのは、この時代です。日本政府の欧化・開化政策が後押しとなって、西洋の技術や制度、またそれを裏付ける文化・学問の導入と共にキリスト教の伝道・教育・諸事業が、奔流のように日本になだれ込んできました。また、それを迎える指導者・知識人・民衆の強烈な関心と熱意があったと思います。しかし、大日本帝国憲法の制定、教育勅語の発布などの諸制度の整備、また日清・日露戦争の勝利、条約改正の成功など、日本の近代化が独自の発展を遂げると共に、日本の近代化も日本独自の性格を帯びるようになります。

そういう時代の変遷と共に、キリスト教がどのような影響を、また貢献を日本の社会に果たしてきたかをこれらの講演から読み取っていただけたら幸いです。またさらに、これらの成果が、「日本近代化が内に抱えた蹉跌」(「刊行にあたって」参照)である敗戦を経た、戦後日本の歴史にどのように引き継がれ、あるいは変容してきたかも読者に考えていただくよい機会になるのではないかと思います。

この講演会の企画のために、近藤勝彦理事長、渡部満常務理事、大島力理事、小林望評議員が前回同様選出され、数回の会議を経てテーマを選び、人選し、交渉しました。この講演会の趣旨に賛同して下さり、快く講演を引き受けてくださいました諸先生方に厚く御礼申し上げます。

企画の論議の中でテーマとして話題になりましたが、実現できなかった講演もあります。例えば、聖書の翻訳と日本語の問題、何よりも宣教と伝道の拠点である教会そのものの問題など、枚挙にいとまがありません。特に、日本の社会の高齢化と共に高齢化する日本の諸教会が、これからどのような道を歩むべきか、日本の近代化に多くのインパクトを与えたキリスト教の将来はどうなるか、恐らく多くの参加者と講師の心の片隅には、この問いが常に隠れていたのではないかと推察しています。こういったことについても、議論する機会が今後与えられれば良いと願っております。

この書籍が刊行されるに当たっては、小林望評議員と矢崎容子事務局長が実務を担って下さいました。ご講演を果たし、お原稿を送って下さいました講師の皆さまへの感謝にあわせ、こころから謝意を表します。

二〇一九年八月

公益財団法人日本キリスト教文化協会常務理事
渡部　満

執筆者紹介（五十音順）

梅津順一（うめつ・じゅんいち）
一九四七年生まれ。国際基督教大学卒業、東京大学大学院修士課程修了、同博士課程単位取得満期退学。経済学博士。放送大学、青山学院女子短期大学、聖学院大学を経て、二〇一九年三月まで青山学院大学教授。二〇一四年より二〇一八年まで青山学院院長。主な著書に、『文明日本と市民的主体――福澤諭吉・徳富蘇峰・内村鑑三』（聖学院大学出版会、二〇〇一年）、『ピューリタン牧師バクスター――教会改革と社会形成』（教文館、二〇〇五年）、『日本国を建てるもの――信仰・教育・公共性』（新教出版社、二〇一六年）他。

大西晴樹（おおにし・はるき）
一九五三年北海道生まれ。法政大学法学部卒業、明治大学大学院修士課程修了、神奈川大学大学院博士課程中退。学術博士（経済学）。明治学院大学元学長、学校法人明治学院前学院長。キリスト教学校教育同盟百年史編纂委員長。現在、東北学院大学学長。日本バプテスト連盟恵泉バプテスト教会員。専門は、イギリス革命、近代イギリス社会経済史。主な著書に、『海洋貿易とイギリス革命――新興貿易商人の宗教と自由』（法政大学出版局、二〇一九年）、『キリスト教学校教育史話――宣教師の種蒔きから成長した教育共同体』（教文館、二〇一五年）他。

金井新二（かない・しんじ）
賀川豊彦記念松沢資料館館長。一九四二年北海道生まれ。早稲田大学第一法学部卒業、その後、東京神学大学、東京大学大学院に学ぶ。東京大学名誉教授。北星学園大学元学長。主な著書に、『神の国思想の現代的展開――社会主義的・実践的キリスト教の根本構造』（教文館、一九八二年）、『ウェーバーの宗教理論』（東京大学出版会、一九九一年）、『現代宗教への問い――宗教ブームからオウム真理教へ』（教文館、一九九七年）他。賀川豊彦関係論文としては、「賀川豊彦における実践的キリスト教のエートス」「賀川豊彦の現代的意義」など。

小檜山ルイ（こひやま・るい）

国際基督教大学教養学部卒、米国ミネソタ大学大学院アメリカ研究プログラム修士課程修了。国際基督教大学大学院比較文化研究科博士後期課程修了（学術博士）。東京女子大学現代教養学部国際社会学科国際関係専攻教授。専攻はアメリカ女性史・ジェンダー史、アメリカ・キリスト教史、日米関係史。キリスト教史学会理事長。主な著書に、『帝国の福音――ルーシィ・ピーボディとアメリカの海外伝道』（東京大学出版会、二〇一九年）、『アメリカ婦人宣教師――来日の背景とその影響』（東京大学出版会、一九九二年）他。

棚村政行（たなむら・まさゆき）

一九五三年生まれ。早稲田大学大学院法学研究科博士課程満期退学後、青山学院大学法学部教授を経て、現在、早稲田大学法学学術院教授。日本学術会議連携会員。東京家庭裁判所委員会委員。法務省法制審議会民法（親子法制）部会委員。東京家庭裁判所家事調停委員・参与員。裁判所職員総合研修所（家庭裁判所調査官養成部）講師。主な著書に、『民法7　親族・相続〔第5版〕』（共著、有斐閣、二〇一七年）、『ライフステージと法〔第7版〕』（共著、有斐閣、二〇一七年）他。

近代日本にとってのキリスト教の意義
──明治一五〇年を再考する

2019年 9 月10日　初版発行

編　者　公益財団法人 日本キリスト教文化協会
発行者　渡部　満
発行所　株式会社 教文館
〒104-0061 東京都中央区銀座 4-5-1 電話 03(3561)5549　FAX 03(5250)5107
URL　http://www.kyobunkwan.co.jp/publishing/

印刷所　モリモト印刷株式会社

配給元　日キ販　〒162-0814 東京都新宿区新小川町 9-1
電話 03(3260)5670　FAX 03(3260)5637

ISBN 978-4-7642-9987-0　C0016　Printed in Japan